KNAUR.LEBEN

Von Toshikazu Kawaguchi ist bereits erschienen:
Bevor der Kaffee kalt wird

Über den Autor:
Toshikazu Kawaguchi, geb. 1971 in Osaka, Japan, ist Produzent, Direktor und Dramatiker in der Theatergruppe Sonic Snail. Mit »Before the coffee gets cold« gewann er den Grand Prize am Suginami Drama Festival, wo es als Theaterstück aufgeführt wurde. Später ist sein literarisches Debüt international zum gefeierten Bestseller geworden. Inzwischen ist die ganze aus vier Bänden bestehende Buchreihe über 2 Millionen Mal weltweit verkauft worden und hat eine riesige Anhängerschaft bei TikTok.

Toshikazu Kawaguchi

Bevor sich unsere Wege trennen

Aus dem Englischen übersetzt
von Friedrich Pflüger

KNAUR.LEBEN

Die Originalausgabe erschien 2021 unter dem Titel
SAYONARA MO IENAI UCHINI bei
Sunmark Publishing, Inc., Tokyo, Japan.

Besuchen Sie uns im Internet:
www.knaur-leben.de

3. Auflage Juni 2026

Deutsche Erstausgabe Januar 2024

Ein Imprint der Verlagsgruppe Droemer Knaur GmbH & Co. KG
Landsberger Straße 346, 80687 München

Redaktion: Werner Wahls
Übersetzung und Redaktion vermittelt von der VerlagsService Mihr GmbH
Covergestaltung: Verlagsgruppe Droemer Knaur
Coverabbildung: Originalumschlag / Illustration von
Sunmark Publishing, Inc., Japan / Illustration Katze © Shutterstock
Satz und Layout: Daniela Schulz, Gilching
Druck und Bindung: CPI books GmbH, Leck
ISBN 978-3-426-44892-2

Kontaktadresse nach
EU-Produktsicherheitsverordnung:
produktsicherheit@droemer-knaur.de

If you could go back,
who would you want to meet?

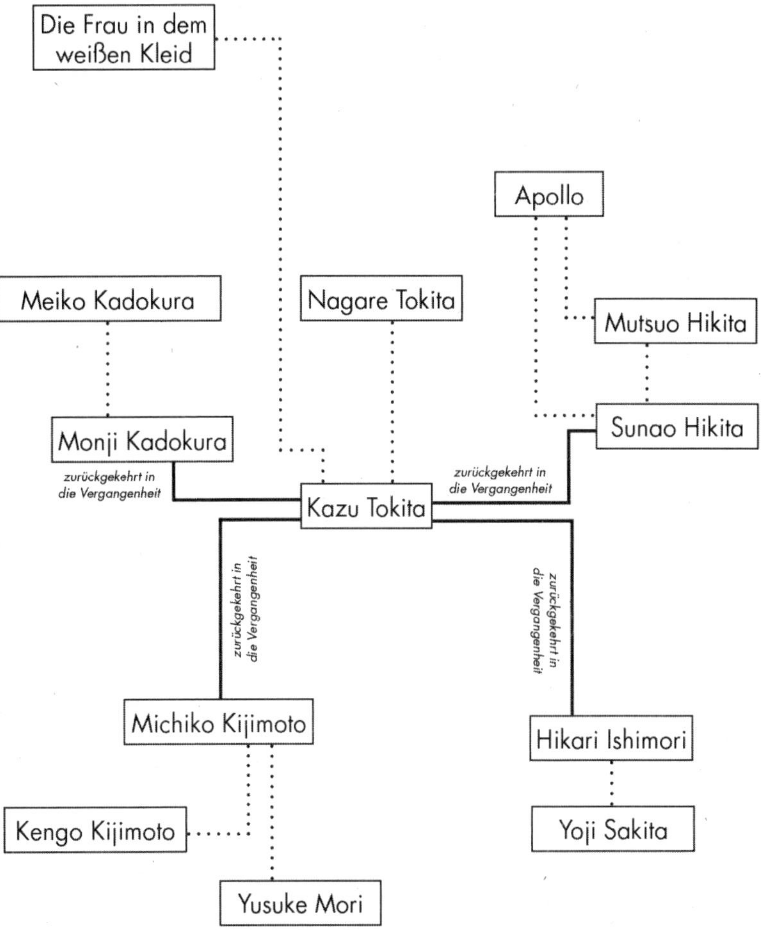
Die Frau in dem weißen Kleid
Apollo
Meiko Kadokura
Nagare Tokita
Mutsuo Hikita
Sunao Hikita
Monji Kadokura
zurückgekehrt in die Vergangenheit
zurückgekehrt in die Vergangenheit
Kazu Tokita
zurückgekehrt in die Vergangenheit
zurückgekehrt in die Vergangenheit
Michiko Kijimoto
Hikari Ishimori
Kengo Kijimoto
Yoji Sakita
Yusuke Mori

PROLOG

Es gibt da eine merkwürdige moderne Legende über einen besonderen Stuhl in einem Café* einer ganz bestimmten Stadt.

Wenn man auf diesem Platz nimmt, so heißt es, dann versetzt er einen zurück in die gewünschte Zeit.

Die Regeln sind allerdings extrem lästig und ein fürchterliches Ärgernis.

1. Man kann in der Vergangenheit nur jemanden treffen, der das Café schon einmal besucht hat.
2. Was man tut, während man dort ist, wird die Gegenwart nicht verändern.
3. Auf dem Stuhl, der einen in die Vergangenheit bringt, sitzt bereits ein Gast. Das bedeutet, man muss warten, bis der Stuhl wieder frei ist.
4. Wenn man am Ziel angekommen ist, darf man nicht vom Stuhl aufstehen.
5. Die Reise beginnt mit dem Eingießen des Kaffees und muss zu Ende sein, bevor der Kaffee kalt ist.

Ach, und das ist noch nicht einmal alles an lästigen Regeln.

Dennoch gibt es Menschen, die das Gerücht von diesem Café hören und es aufsuchen.

Das Café heißt Funiculi Funicula.

Dieses Buch erzählt die Geschichte von vier herzerwärmenden Wundern, die sich in diesem ziemlich seltsamen Café ereignet haben.

* Dieses Buch spielt ein Jahr nach den Begebenheiten von *Bevor der Kaffee kalt wird.*

INHALT

DER EHEMANN

»Man kann also nichts tun, um die Gegenwart zu verändern?«

Monji Kadokura neigte neugierig seinen Kopf mit dem grau melierten Haar und streifte dabei ein Blatt einer Kirschblüte, das zu Boden flatterte. Unter dem fahlen sepiafarbenen Licht der Schirmlampen – der einzigen Beleuchtung im Café – hielt er das kleine Buch mit seinen Notizen so dicht vor die zusammengekniffenen Augen, dass sein Gesicht fast die Seiten berührte.

»Und was bedeutet das genau?«

»Nun, vielleicht kann ich das so erklären …«

Die Antwort auf Kadokuras Frage kam von Nagare Tokita, einem gewaltigen, fast zwei Meter großen Mann mit langen, schmalen Augen. Er war der Eigentümer des Cafés und trug stets eine weiße Küchenschürze.

»Nehmen wir zum Beispiel diese Registrierkasse. Sie werden in ganz Japan schwerlich eine ältere finden. Man hat mir gesagt, diese seien sehr selten. Sie wiegt übrigens schon leer vierzig Kilogramm, damit sie nicht so leicht gestohlen wird. Sagen wir aber, sie *würde* eines Tages gestohlen werden.«

Nagare schlug mit der Hand auf die Kasse am Tresen.

»Wenn das geschieht, würde man natürlich gerne in die Vergangenheit reisen, die Kasse irgendwo verstecken oder jemanden als Wache aufstellen, damit nicht jemand ins Café kommt und sie stiehlt, nicht wahr?«

»Sicher, das klingt vernünftig.« Kadokura nickte.

»Aber sehen Sie, das kann nicht geschehen. Sosehr man auch versucht, den Diebstahl der Kasse zu verhindern, würde der Dieb doch ins Café kommen und sie stehlen – und wäre sie noch so gut versteckt.«

»Donnerwetter, das ist wirklich erstaunlich. Aber lässt sich das wissenschaftlich erklären? Mich würde der Kausalzusammenhang sehr interessieren – wenn Sie verstehen, was ich meine. Vielleicht so eine Art Schmetterlingseffekt?« Kadokura blickte aufgeregt zu Nagare auf.

»Schmetterlingseffekt?«

Jetzt war es Nagare, der verwirrt den Kopf zur Seite neigte.

»Eine Theorie, die der Meteorologe Edward Lorenz 1972 in einem Vortrag bei der American Association for the Advancement of Science postulierte. Es gibt ein japanisches Sprichwort, das in etwa dasselbe besagt: *Wenn der Wind weht, floriert das Geschäft der Küfer.*«

»Oh, äh, okay.«

»Die Vorstellung allerdings, dass sich die Gegenwart nicht ändert – das ist kein Effekt. Eher eine Korrektur, finden Sie nicht? Und wenn ja, dann würde das den Schmetterlingseffekt ausschließen. Das wird immer erstaunlicher«, murmelte er begeistert und kritzelte etwas in sein Notizbuch.

»Also, offen gesagt war die einzige Erklärung, die wir bekommen haben, *weil das eben die Regel ist,* stimmt's, Kazu?« Nagare sah Kazu Tokita, die neben ihm stand, erwartungsvoll an.

»Ja, richtig«, antwortete Kazu, ohne sich die Mühe zu machen aufzublicken.

Kazu war Nagares Cousine und Bedienung im Café. Sie trug eine weiße Bluse, eine schwarze Weste und eine Kellnerschürze. Sie war hübsch, mit heller Haut und schmalen mandelförmigen Augen, aber ohne weitere auffällige Merkmale. Blickte man sie an und schloss dann die Augen, dann war es schwierig, ihr Gesicht zu beschreiben. Selbst Kadokura musste Nagares Blick folgen, um sich zu vergewissern, dass eine weitere Person zugegen war. Sie warf nur einen schwachen Schatten und hinterließ keinen bleibenden Eindruck.

Ihr Gesichtsausdruck blieb unbestimmt, während sie ein Glas polierte.

Fumiko Kiyokawa schaltete sich in das Gespräch ein. »Aber Professor Kadokura, wen wollten Sie im Café denn treffen?«

»Bitte lassen Sie den Professor weg, Ms. Kiyokawa. Ich bin aus der Wissenschaft raus.« Er lächelte verlegen und kratzte sich am Kopf.

Fumiko hatte im Café bereits eine Rückkehr in die Vergangenheit erlebt: Sie hatte einen Geliebten getroffen, von dem sie sich getrennt hatte. Jetzt war sie Stammgast und besuchte das Café nach der Arbeit fast täglich.

»Oh, Sie beide kennen sich?«, fragte Nagare.

»Professor Kadokura hielt an der Universität meine Archäologievorlesung. Er ist aber nicht nur Archäologieprofessor. Er hat als Abenteurer die ganze Welt bereist. Deshalb konnte man in seinen Kursen unwahrscheinlich viel erfahren! Ich fand sie äußerst nützlich«, antwortete Fumiko.

»Sie sind möglicherweise die Einzige, die das sagt. Und außerdem muss ich sagen, Sie waren eine ausgezeichnete Studentin, immer die Semesterbeste.«

»Bitte loben Sie mich nicht zu sehr … Ich hatte nur keine Lust, gegen jemanden den Kürzeren zu ziehen.« Fumiko wedelte bescheiden mit der Hand.

Obwohl das der Wahrheit entsprach, hatte sich Fumiko schon während der Highschool sechs Sprachen selbst beigebracht und die Universität als Jahrgangsbeste abgeschlossen. Und obwohl Kadokura nicht mehr unterrichtete, war ihm ihre Klugheit im Gedächtnis geblieben. Dass sie schlicht nicht gerne verlor, war einfach nicht wahr.

»Professor, Sie haben noch nicht geantwortet.«

»Ach so, natürlich, Sie wollen meine Geschichte hören, richtig? Nun ja, also …« Kadokura wandte den Blick von Fumiko, die neben ihm an der Bar saß, und starrte auf seine gefalteten Hände. »Ich möchte meine Frau treffen … Mich einfach noch einmal mit ihr unterhalten«, sagte er leise.

»Mit Ihrer Frau? Sie wollen damit doch nicht sagen, dass sie …« Fumiko brauchte die Frage nicht zu beenden. Ihre Erregung verriet Kadokura, was sie meinte.

»Oh nein, sie ist noch am Leben.«

Fumikos Züge entspannten sich wieder. Sein Gesicht blieb dagegen ernst.

Fumiko und Nagare spürten, dass etwas nicht stimmte, und warteten mit angehaltenem Atem auf seine nächsten Worte.

»Sie lebt, aber ihr Gehirn hat durch einen Unfall Schaden genommen, und sie liegt seit zweieinhalb Jahren im Wachkoma. Solche Patienten leben normalerweise höchstens noch drei bis fünf Jahre. Man hat mir gesagt, dass sie, auch angesichts ihres Alters, bald sterben könnte.«

»Das tut mir leid. Hatten Sie denn gehofft, in der Vergangenheit den Unfall Ihrer Frau zu verhindern? Falls Sie das vorhatten, tut es mir wirklich leid, aber wie bereits gesagt …«

Kadokura schüttelte den Kopf und antwortete: »Nein, das ist mir klar. Auch wenn etwas Wunschdenken dabei ist, zugegeben, aber um bei der Wahrheit zu bleiben …« Er kratzte sich über der Augenbraue. »Sie haben da wirklich mein Interesse geweckt«, meinte er und lachte nervös.

»Wovon sprechen Sie?«, fragte Fumiko verwundert.

»Ich meine die Vorstellung, dass man die Gegenwart nicht verändern kann, obwohl man in die Vergangenheit reist – das ist doch wirklich faszinierend, oder?«

Seine Augen leuchteten wie bei einem Kind, aber dann verfinsterte sich sein Blick wieder. »Das muss jetzt ziemlich unangebracht geklungen haben, wo meine Frau doch im Koma liegt.«

»Oh nein, überhaupt nicht.« Fumiko brachte aber nur ein verlegenes Lächeln zustande. In Wirklichkeit hatte sie tatsächlich gedacht: *Wie unangebracht.*

»Dieser Persönlichkeitszug hat meiner Frau viel Kummer gemacht. Ich liebe die Archäologie schon seit meiner Jugend und habe mich zeit meines Lebens nur diesem Interesse gewidmet. Ich habe die Welt bereist und war oft monatelang fort. Dabei hat sich meine Frau nie beklagt. Sie hat unseren Haushalt geführt und unsere Kinder großgezogen. Dann haben diese eines nach dem anderen das Nest verlassen, und plötzlich waren es dann nur noch wir zwei. Trotzdem ließ ich meine Frau auch weiterhin allein und reiste um die Welt. Aber als ich eines Tages nach Hause zurückkehrte, erwartete mich meine Frau – im Wachkoma.«

Kadokura zog ein kleines Foto aus seinem Notizbuch. Es zeigte ein junges Paar. Nagare und Fumiko erkannten sofort

Kadokura und seine Frau. Als sie länger hinsahen, wurde ihnen klar, dass im Hintergrund eine große Standuhr mit Pendel – genau wie die drei hier im Café – zu sehen war.

»Das Foto von uns beiden wurde hier im Café gemacht, ich denke vor vierundzwanzig, vielleicht fünfundzwanzig Jahren. Von Sofortbildkameras haben Sie bestimmt schon gehört, oder?«

»Sie meinen eine Instax?«, fragte Fumiko, anstatt zu antworten.

»So nennt man sie heutzutage, ja. Diese Kameras, bei denen das Bild sofort erscheint, waren damals sehr in Mode. Die Dame, die damals das Café betrieb, besaß auch eine. Sie machte das Foto von uns beiden, als eine Erinnerung für uns, wie sie meinte.«

»Das war meine Mutter. Mum hatte immer den neuesten angesagten Schnickschnack. Ich kann mir gut vorstellen, dass sie von einer Erinnerung gesprochen hat, aber ich wette, sie wollte vor allem damit angeben«, meinte Nagare abfällig und lächelte dabei schief.

»Meine Frau sagte, ich solle es immer bei mir tragen. Sie meinte, es wäre so etwas wie ein Schutzamulett. Die Vorstellung, ein Foto könne als Talisman wirken, hat natürlich keine wissenschaftliche Basis«, sagte Kadokura, während er mit dem Foto herumwedelte.

»Wollen Sie an den Tag zurückreisen, an dem das Bild aufgenommen wurde?«

»Nein. Ich bin seit diesem Tag nicht mehr in diesem Café gewesen, aber ich glaube, meine Frau kam ab und zu her, um sich mit unseren Kindern zu treffen. Wenn das möglich ist, würde ich gerne zu einem Zeitpunkt etwa zwei oder drei Jahre vor ihrem verhängnisvollen Unfall zurückkehren.«

»Da dann …«, erwiderte Nagare und blickte kurz hinüber zu der Frau im weißen Kleid mit dem langen schwarzen Haar und der blassen, fast durchscheinend wirkenden Haut, die in der hintersten Ecke des Cafés saß. Dort las sie in aller Stille ein Buch.

»Haben Sie noch andere Fragen?«

»Mal sehen.« Kadokura steckte das Foto wieder in sein Notizbuch und schlug die Seite auf, auf der er zuvor die Regeln notiert hatte. Wieder beugte er sich ganz dicht über die Seite.

»Ich glaube, es hat mit dieser Regel zu tun, dass sich die Gegenwart nicht verändert, über die wir gerade gesprochen haben, aber …«

»Aber was?«

»Wie können die von jemandem in der Zukunft geäußerten Worte bei den besuchten Personen im Gedächtnis bleiben?«

»Hä? Also, das ist, äh …« Nagare verstand nicht ganz, was Kadokura meinte. Er zog die Augenbrauen zusammen und neigte den Kopf zur Seite. »Was meinen Sie damit?«

»Entschuldigung, ich habe das nicht gut erklärt.« Kadokura kratzte sich an der Stirn. »So wie ich es verstehe, gibt es da eine Kraft, die wir hier Regeln nennen, die dafür sorgt, dass sich die Gegenwart nicht ändert. Ich möchte nun gerne wissen, ob sich diese Regel vielleicht nicht nur auf die Gegenwart auswirkt, sondern auch auf die Erinnerung.«

Über Nagares Kopf schwebte immer noch ein großes Fragezeichen.

»In anderen Worten, wenn man den Leuten sagen würde, dass die Kasse gestohlen wird, dann möchte ich wissen, ob ihre Erinnerung dann durch die Regel ausgelöscht oder verändert wird – oder eben nicht.«

»Ah, okay, jetzt verstehe ich«, sagte Nagare und verschränkte die Arme.

»Und? Was würde geschehen?«, schaltete sich Fumiko anstelle von Kadokura ein.

»Nun, lassen Sie mich nachdenken.« Nagare kam nicht gleich auf die Antwort. Das lag daran, dass seine Gedanken wanderten, angefangen mit, *darüber habe ich noch nie nachgedacht,* und weiter zu: *Wichtiger noch, was hat Kadokura vor? Warum beschäftigt ihn das?* Soweit er wusste, hatte sich niemand sonst je um so etwas gekümmert.

Fumiko schlug sich auf die Seite von Kadokura und starrte Nagare so eindringlich ins Gesicht, als beschäftige sie ebenfalls diese Frage.

Fumiko war einmal in die Vergangenheit zurückgekehrt, um den Freund zu treffen, von dem sie sich in diesem Café getrennt hatte. Nun galt in diesem Café auch die Regel, dass Menschen, die einmal in die Vergangenheit gereist waren, dies nicht noch einmal tun konnten. Aber trotzdem war Fumiko hier und setzte Nagare zu, als wäre sie Kadokuras Sidekick.

Zwischen seinen Augenbrauen tauchten neue Falten auf, und Nagare wischte sich Schweiß von der Stirn und zog seine langen, schmalen Augen noch mehr zusammen. »Hm, da muss ich nachdenken«, stöhnte er.

»Erinnerungen sind von der Regel nicht betroffen.«

Diese entschiedene Klarstellung äußerte aber nicht Nagare, sondern Kazu, die neben ihm stand. Sie hatte die Gläser inzwischen alle abgewischt und faltete nun Papierservietten. Und fuhr ohne Pause und mit durchdringend klarer Stimme fort.

»Es gibt Fälle, in denen die Menschen die Wahrheit kennen, sich bei der Unterhaltung mit anderen allerdings verhalten, als wüssten sie sie nicht. Sie erfahren möglicherweise, dass jemand die Kasse stehlen wird. Sie *wissen* vielleicht, dass jemand sie stehlen wird, aber trotzdem werden sie etwas anderes vorgeben, wenn sie diesen Tag angehen. Auf diese Weise greift die Regel ein. Sie wirkt durch Vorspiegelung. Trotzdem verändert sich nicht die Erinnerung der Menschen. Es gibt keinen Fall, in dem eine Person das Erlebte vergisst. Ganz im Gegenteil: Weiß eine Person, dass jemand die Kasse stehlen wird, dann sorgt sich diese Person alle Tage, bis der Diebstahl stattfindet. Wie die Person allerdings diese Information wahrnimmt und damit lebt, liegt an ihr. Die Erinnerung und die Gefühle, die sich daraus ableiten, gehören einzig dieser Person, denn sie liegen außerhalb des Wirkungsbereichs der Regel.«

Als Kadokura Kazus Erläuterung vernahm, hellte sich seine Miene merklich auf. Er erhob sich.

»Wenn das der Fall ist, dann bin ich wirklich froh. Es nimmt mir eine große Sorge. Nun möchte ich gerne eine Bitte äußern. Könnte ich zurückkehren in die Zeit bevor meine Frau ins Koma fiel?« Dann machte er eine tiefe Verbeugung.

»Wie Sie wünschen«, antwortete Kazu kühl.

Fumiko blickte Kazu an und klatschte laut Applaus, während Nagare fassungslos dreinblickte. Dies war keine neue Regel, sondern eine Tatsache. Sie verbarg sich im Schatten der zweiten Regel und war erst durch Kadokuras Nachfrage ans Licht gekommen. Wenn man in die Vergangenheit zurückkehrt, wird sich die Gegenwart nicht ändern, ganz egal, was man zu diesem Zweck unternimmt.

Es gab allerdings eine Einschränkung: Die Regel verfügte über alle nötigen Mittel, um die Veränderung der Gegenwart zu verhindern, aber in die Erinnerung der Menschen griff sie nicht ein.

Anstatt sich auf die Regel zu konzentrieren, derzufolge sich die Gegenwart nicht ändert, war Kadokura an ihrer Wirkung auf das Gedächtnis interessiert. *Das könnte eine wichtige Überlegung sein.*

Auf diesen Einblick in die bedeutsamen Auswirkungen der Regel hin zog Nagare seine langen, schmalen Augen noch dichter zusammen und blickte zur Decke hinauf.

»Was aber die anderen Regeln betrifft …«, sagte Kazu und setzte ihre Erklärung fort. Aber die anderen Regeln schienen Kadokura längst nicht so wichtig zu sein. Was die Einschränkung betraf, dass man sich in der Vergangenheit nicht vom Stuhl erheben durfte und dass die Zeit begrenzt war, äußerte er nur: »Selbstverständlich.«

Als Kazu allerdings auf die Frau im weißen Kleid zu sprechen kam und erwähnte, sie sei ein Geist, und man würde verflucht, wenn man versuchte, sie mit Gewalt zu bewegen, da verschlang er diese Information mit Augen, die vor kindlicher Begeisterung nur so glühten.

»Na, ich glaube trotzdem nicht, dass sie ein Geist ist. Allerdings muss ich zugeben, dass mich Flüche faszinieren. In der Archäologie werden eine Menge unheimlicher Geschichten verbreitet, als handele es sich um Tatsachen. Und ich habe viele Bücher über das Übernatürliche gelesen. Was all diesen abging, war wissenschaftliche Stringenz. Mir ist auch noch nie jemand begegnet, der verflucht war. Eigentlich würde ich ganz gern einmal erleben, wie sich so etwas anfühlt.«

»Was?«, kreischte Fumiko. »Sind Sie bei Sinnen?«

»Ja natürlich. Ich würde das wirklich gerne ausprobieren. Liebe Ms. Kiyokawa, hatten Sie nicht vorher erwähnt, Sie seien von ihr verflucht worden? Nun bin ich wirklich neugierig – wie hat sich das angefühlt? Vielleicht würde ich ja ebenfalls verflucht werden, wenn ich versuchte, sie mit Gewalt zu bewegen?«

Nagare und Fumiko, die beide nicht wussten, was sie von Kadokuras Benehmen halten sollten, blickten sich an und zuckten mit den Schultern. Gleichzeitig dachte Nagare: *Er erinnert mich an Mama.*

Nagares Mutter war ebenfalls ein freier, von unstillbarer Wanderlust heimgesuchter Geist. Es gab sogar Zeiten, da nannte sie sich selbst eine Abenteurerin. Sie verfolgte ihre Interessen mit großem Heißhunger und hatte daher für ihre Familie nur wenig übrig. Sie verspürte keinerlei Bindung. Das hatte zur Folge gehabt, dass sie und sein Vater sich schon vor Nagares Geburt hatten scheiden lassen.

Kaum war er geboren, überließ sie ihn ihrer jüngeren Schwester, Kazus Mutter, zur Pflege und verschwand nach Übersee. Es hieß, sie sei in Hokkaido, aber da sie sich nach Lust und Laune treiben ließ, ohne je Kontaktadressen zu hinterlassen, war auch das nicht sicher.

Mrs. Kadokura musste zweifellos das Gleiche ertragen.

Wenn er sich Kadokura so ansah, der ebenso überspannt wie seine Mutter wirkte, dann taten ihm dessen Kinder unwillkürlich ein wenig leid.

»Na ja, Sie könnten sich das Erlebnis wahrscheinlich schon verschaffen, verflucht zu werden, aber ich kann nur davon abraten«, stellte Nagare kühl fest.

Kadokura blieb unbeirrt. »Trotzdem, wenn es möglich wäre …«, meinte er beschwörend und mit auf unerträgliche Weise entschlossenem Blick.

Oh nein. Er lässt sich nicht davon abbringen. Ganz egal was ich sage, er wird sich nicht umstimmen lassen.

Nagare seufzte in Gedanken. »Aber nur dieses eine Mal, okay?«

»Vielen Dank!«

So bizarr ihm die Situation auch vorkam – Nagare führte Kadokura widerstrebend nach hinten zu der Frau im weißen Kleid. Kadokura zog nervös ein Taschentuch aus der Tasche. Er stand nun neben der Frau und wischte sich den Schweiß von Stirn und Händen.

»Entschuldigung, dürfte ich bitte?«

Kadokura blickte der Frau im weißen Kleid ins Gesicht. Sie las ungerührt weiter in ihrem Buch, ohne in irgendeiner Weise zu reagieren. Heute las sie einen Roman mit dem Titel *Der Hund, der eine Katze sein wollte, und die Katze, die ein Hund sein wollte.*

»Ach? Ist sie wirklich …«, murmelte Kadokura und starrte der Frau ins Gesicht.

»Ist etwas?«

»Äh, nein. Alles in Ordnung. Dann ist es also okay, wenn ich sie zum Aufstehen nötige?«

»Ja.«

»Also gut, dann werde ich sie mal verscheuchen.«

Kadokura holte tief Luft und trat zu der Frau im weißen Kleid.

»Entschuldigen Sie, gnädige Frau. Könnten Sie bitte den Stuhl frei machen?«, sagte er und schüttelte sie an der Schulter.

Als die Frau wieder nicht reagierte, blickte er sich Hilfe suchend nach Nagare um.

»Versuchen Sie's etwas energischer.«

»Äh, okay.«

In einem plötzlichen Ausbruch von Entschlossenheit packte Kadokura die Frau an der Schulter, zog kräftig daran und sagte: »Entschuldigung! Bitte stehen Sie auf.«

In diesem Augenblick riss die Frau im weißen Kleid die Augen auf und sah ihn wütend an.

»Ugh.«

Sofort gaben Kadokuras Knie nach. Die Lampen im Café flackerten wie Kerzen, und aus dem Nichts war im ganzen Café eine gespenstische Stimme wie die eines klagenden Geistes zu hören. Das blasse Gesicht der Frau hatte sich verändert. Sie beugte sich über den Tisch und funkelte Kadokura mit entsetzlichen runden Augen an.

»Aha, so ist also ein Fluch! Mein Körper ist furchtbar schwer und … argh … schmerzen tut er auch. Es kommt mir vor, als würde mir jemand die Knochen verdrehen. So fühlt sich also ein Fluch an! Ich erlebe das zum ersten Mal! Ich fühle mich so schwer, dass ich mich nicht mehr wie gewünscht bewegen kann. Es ist, als läge ich unter einer Decke aus Blei. Ooh, dieses Gewicht!«

Kadokura kroch mit einem freudigen Gesichtsausdruck über den Boden.

»Ist das genug?«, fragte Nagare.

Neben ihm stand Kazu mit einem silbernen Kessel in der Hand.

Kadokura keuchte: »Nein, noch ein bisschen, bitte. Ich erlebe gerade, wie es ist, verflucht zu sein. So eine wertvolle Erfahrung erlebt man ja nicht alle Tage …«

»Wenn Sie das sagen.« Nagare seufzte tief.

Von ihrem Platz an der Theke blickte Fumiko auf den herumkriechenden Kadokura hinunter und kicherte.

»Uh!«

Es dauerte nicht lange, da lag Kadokura mit ausgestreckten Armen und Beinen flach am Boden. Seltsam schabende Geräusche aus seiner Kehle ließen darauf schließen, dass ihm das Atmen Schwierigkeiten machte. Offenbar war er nicht mehr in der Lage zu sprechen.

»Kazu«, sagte Nagare warnend; er hielt es für gefährlich, noch länger zu warten.

Kazu trat an die Frau mit dem weißen Kleid heran, die weiter das Gesicht verzog und Kadokura mit wild zerzaustem Haar anstarrte. »Wie wär's mit einer frischen Tasse Kaffee«, bot sie leise an.

Die Frau im weißen Kleid, die eben noch im Begriff schien, über den Tisch zu klettern und Kadokura anzugreifen, antwortete höflich: »Ja bitte!«, und nahm wieder auf ihrem Stuhl Platz.

Gleichzeitig beruhigte sich die Beleuchtung im Café, und das geisterhafte Stöhnen verstummte.

»Hui.«

Jetzt wo der Fluch aufgehoben war, konnte Kadokura wieder atmen. Er keuchte heftig, hob aber den Kopf und strahlte mit kindlicher Begeisterung.

Die Frau im weißen Kleid nippte an ihrem Kaffee und las schweigend in ihrem Buch.

»Soso. Das ist also ein Fluch. Wirklich interessant.«

Kadokura rappelte sich flink auf und nahm wieder an der Theke Platz. Er schlug sogleich sein Notizbuch auf und kritzelte mit erstaunlicher Geschwindigkeit etwas hinein.

Nagare war sprachlos, während Fumiko belustigt kicherte wie eine Unbeteiligte.

Nur Kazu blieb völlig gelassen, als wäre nichts geschehen.

Kadokura war noch in seine Notizen vertieft, als Fumiko plötzlich ausrief: »Oh, Nagare, das hatte ich ja ganz vergessen, wie geht's der kleinen Miki? Ich wollte doch einen Blick auf sie werfen.«

Miki war die neugeborene Tochter von Nagare und seiner Frau Kei Tokita.

»Was redest du da? Du hast sie doch erst gestern gesehen.«

»Ja, ich weiß, aber …«

»Wie oft musst du sie denn noch anschauen?«

»Spielt das eine Rolle? Sie ist so süß! Ich könnte sie den ganzen Tag ansehen, ohne dass mir langweilig wird.«

»Das ist aber schon ein bisschen seltsam.«

Trotz seiner Worte verriet das Strahlen seiner langen, mandelförmigen Augen, dass er sich freute.

»Schläft sie gerade?«

»Im Hinterzimmer.«

»Kann ich sie sehen?«

»Natürlich.«

»Vielen Dank.«

Fumiko sprang vom Barhocker und zog ihr Handy aus der Umhängetasche.

»Findest du nicht, du hast schon genug Fotos gemacht?«

»Heute möchte ich ein Video aufnehmen.«

Mit einem durchtriebenen Grinsen verschwand sie Richtung Hinterzimmer.

»Sind Babys wirklich so süß?«, brummte Kadokura. Er war mit seinen Notizen fertig und blickte sich zum Hinterzimmer um, wo Fumiko eben verschwunden war.

»Oh, entschuldigen Sie bitte. Ich wollte damit natürlich nicht behaupten, Ihr Baby wäre nicht süß. Ich habe selbst zwei Töchter und einen Sohn. Die sind inzwischen alle erwachsen, und ich habe sogar Enkel.«

»Und waren die nicht süß?«, fragte Nagare ungläubig.

»Ach, das weiß ich nicht. Als meine Kinder zur Welt kamen, war ich ja meistens außer Landes, wissen Sie. Und wenn ich dann nach Hause kam, dann waren sie immer schon größer geworden. Meine zweite Tochter sagte sogar einmal zu mir: ›Komm uns doch mal wieder besuchen‹«, erzählte Kadokura etwas wehmütig.

»Im Nachhinein glaube ich, ich hätte lieber keine Familie gründen sollen. Die waren ja alle im Handumdrehen groß geworden. Als sie auf die Junior Highschool und dann die Highschool gingen, wusste ich gar nicht, wie ich mit ihnen umgehen sollte. Und selbst da sagte meine Frau nichts zu mir. Immer brachte sie mich mit einem Lächeln auf den Weg.«

»Und bereuen Sie das?«

Kadokura bedachte Nagares Frage schweigend und antwortete dann: »Am meisten bereue ich möglicherweise, dass ich nichts bereue. Ich wünschte, ich wäre dazu fähig, Reue zu empfinden.«

Aber dann fuhr er fort: »Und was muss ich jetzt tun?«

»Hä?« Nagare riss die mandelförmigen Augen kurz auf. »Äh, das kann ich normalerweise nicht …«

»Nein, ich dachte an meine Reise in die Vergangenheit.«

»Ach, das.«

»Tut mir leid, dass ich Sie verwirrt habe.«

»Nein, ist schon okay«, erwiderte Nagare und wischte sich eine Schweißperle von der Stirn.

»Um in der Zeit zurückzureisen, müssen Sie sich auf ihren Stuhl setzen – Sie müssen also zunächst einmal warten, bis sie den Stuhl freigibt. Das macht sie einmal am Tag, wenn sie zur Toilette geht.«

»Wollen Sie damit sagen, sie geht zur Toilette, obwohl sie ein Geist ist? Das wird ja immer interessanter.«

»Wir wissen allerdings nicht, wann sie das tun wird.«

»Und das bedeutet?«

»Dass Sie nichts tun können, außer zu warten. Wenn Sie Gewalt anwenden, dann passiert das Gleiche wie vorher.«

»Sie wird mich verfluchen.«

»Ja.«

»Okay, ich verstehe. Kann ich etwas zu essen bestellen?«

»Ja, natürlich. Wenn Sie etwas wünschen, das nicht auf der Karte steht, dann kann ich es möglicherweise trotzdem für Sie zubereiten, sofern wir die Zutaten dahaben.«

»Oh, klingt gut, könnte ich Hühnchen und Ei mit Reis haben?«

»Möchten Sie gerne *Oyakodon?*«

»Ja, vor langer Zeit hat meine Frau das öfter für mich gemacht. Das hätte ich gerne, bitte.«

»Kein Problem, ich gehe und bereite es zu«, erwiderte Nagare und verschwand in der Küche.

Somit blieben nur Kazu, die Frau im weißen Kleid und Kadokura.

Kadokura schlug wieder sein Notizbuch auf und fing an zu schreiben.

Jetzt fühlte es sich leise an.

Normalerweise läuft in Cafés im Hintergrund klassische Musik oder Jazz. So können die Gäste, eingetaucht in entspannender Musik, ihren Kaffee genießen. Dies ist einer der Vorzüge eines Cafés. In diesem Café lief allerdings keine Musik. Das einzige Geräusch war das Ticken der drei raumhohen Standuhren, das den Ablauf der Zeit bekundete.

Dabei zeigte jede der drei Uhren eine andere Zeit. Kadokura verglich mit seiner Armbanduhr und fand heraus, dass nur die mittlere die korrekte Zeit anzeigte.

Bei manchen Kunden, die das Café zum ersten Mal besuchen, gerät das Zeitgefühl etwas durcheinander, wenn sie in dem Raum ohne Fenster oder natürliches Licht sitzen. Als Kadokura nun wieder in diesen Raum eintauchte, kehrte die Erinnerung an seinen ersten Besuch in diesem Café wieder so lebhaft zurück, als sei es erst gestern gewesen.

»Ich habe diese Frau tatsächlich schon einmal gesehen«, sagte er unvermittelt zu Kazu und überraschte sie damit. »Das war, als das Foto gemacht wurde, das ich vorhin gezeigt habe. Ich dachte zunächst, ich hätte mich geirrt. Immerhin ist das vierundzwanzig oder fünfundzwanzig Jahre her.«

Kadokura sah die Frau im weißen Kleid an. Kazu hörte schweigend zu.

»Aber ich habe mich nicht geirrt. Sie ist es. Sie brachte mir und meiner Frau hier in diesem Café an jenem Tag den Kaffee. Ihr Haar hatte damals eine andere Länge, aber ihre traurigen Augen sind noch dieselben. Wie kam es, dass sie nun auf diesem Stuhl sitzt? Was in aller Welt ist ihr passiert?«

Klapp.

Kadokuras Geschichte wurde unterbrochen vom Geräusch eines Buches, das zugeklappt wird. Es war die Frau im weißen Kleid. Sie stand langsam auf, ging dann geräuschlos hinter dem an der Theke sitzenden Kadokura vorbei und verschwand zur Toilette.

Als sie gegangen war, drehte sich Kadokura herum und blickte hinüber zum leeren Stuhl.

»Der Stuhl ist jetzt frei, nicht wahr?«

»Ja.«

»Wenn ich mich auf diesen Stuhl setze, kann ich zurück in die Vergangenheit reisen?«

»Das ist richtig. Möchten Sie sich dort hinsetzen?«

»Ja, natürlich.«

Und schon stand Kadokura vor dem nun leeren Stuhl, der ihn in die Vergangenheit bringen würde. Aber anstatt sich sofort zu setzen, blieb er stehen und starrte ihn an.

Es war ein Ballon-Rückenstuhl mit wunderschön gebogenen Kabriolbeinen und einer blassmoosgrün gepolsterten Sitzfläche. Es war eine Replik, aber trotzdem eine ansehnliche Summe wert.

Kadokura war kein Experte, aber selbst er erkannte, dass es in diesem Café nur hochwertige Stühle vom mehrfachen Preis eines normalen Sitzmöbels gab.

Das war allerdings nicht, was ihn fesselte.

»Er scheint sich von den anderen Stühlen nicht sonderlich zu unterscheiden.«

Kadokura ging in die Hocke und strich über das Polster. Er wollte wissen, ob dieser Stuhl, der einen in die Vergangenheit versetzte, auf irgendeine Weise besonders war.

»Er ist kalt. Genauer gesagt, der Raum um den Stuhl herum fühlt sich kühl an. Aber warum sollte das so sein, frage ich mich? Vielleicht ist ja nur dieser Raum besonders, und der Stuhl ist genau wie die anderen? Ich frage mich, ob man auch in die Vergangenheit kommen würde, wenn man ihn gegen einen anderen Stuhl tauscht?«

Er drehte sich um und bemerkte erst jetzt, dass Kazu nicht mehr da war. Er hatte mit sich selbst geredet. Trotzdem schob er sich vorsichtig zwischen den Stuhl und den Tisch.

»Ja. Kein Zweifel. Es ist offensichtlich, wenn man sich hinsetzt. Nicht der Stuhl ist kühl, sondern der ihn umgebende Raum.«

Kadokura streckte nun langsam die Hand aus. Auf diese Weise suchte er nach feinen Temperaturgrenzen.

»Von hier … bis hier … bis hier … bis hier ist die Temperatur deutlich verschieden. Es ist nur dieser etwa achtzig Zentimeter tiefe und breite Raum, der irgendwie besonders ist; er beginnt in der Mitte des Tisches und schließt den Stuhl mit ein.«

Kazu war wieder aus der Küche zurückgekommen. Sie trug ein Tablett mit einem silbernen Kessel und einer weißen Kaffeetasse. Kadokura redete unbeirrt weiter.

»Ich denke, möglicherweise ist es dieser etwa achtzig Zentimeter im Quadrat große Raum, der es ermöglicht, in die Vergangenheit zu reisen.

»Ja, das ist richtig.«

»Ich verstehe. Ich verstehe. Wie faszinierend!«

Selbst jetzt fing Kadokura wieder an, etwas in sein Notizbuch zu schreiben.

Während Kazu die von der Frau im weißen Kleid benutzte Tasse abräumte, kam Nagare aus der Küche. Er hielt eine hölzerne Schöpfkelle in der Hand.

»Äh …«

»Ja?«

»Wie wollen Sie es mit dem Essen halten?«

»Oh, ja, das habe ich ganz vergessen.«

Kadokura hatte aufgehört zu schreiben und blickte auf. Er hatte nicht damit gerechnet, dass die Frau im weißen Kleid den Stuhl so rasch verlassen würde.

»Oh, was soll ich tun? Ist es okay, wenn wir damit bis nach meiner Rückkehr warten?«

»Ja, natürlich.«

»Also gut, wenn ich zurückkomme.«

»Sicher. Kein Problem.«

Kadokura schnupperte.

»Das duftet aber gut. Ich freue mich schon auf die Rückkehr.«

»Es wird auf Sie warten.«

Und wieder leuchteten Nagares schmale, mandelförmige Augen vor Freude, als er sich wieder in die Küche zurückzog.

»Also dann …«

Kadokura setzte sich aufrecht hin und nickte Kazu kurz zu. Er war bereit. Kazu stand schweigend neben dem Stuhl. Als er ihr ins Gesicht sah, lief ihm ein Schauer über den Rücken.

Welche Ähnlichkeit! Sie sieht genauso aus wie der Geist, der eben noch hier saß.

Er bemerkte es an ihrer durchscheinenden Haut, ihren schmalen Augen und dem nachdenklichen Gesichtsausdruck, aber mehr noch an ihrem Knochenbau – oder eher, ihrer Silhouette. Vielleicht war die Wahrnehmungsfähigkeit von jemandem wie Kadokura nötig, um das zu bemerken, aber er war sich sicher.

Die beiden sind Mutter und Tochter.

Die Frau im weißen Kleid musste die Mutter sein, und die Bedienung, die vor ihm stand, die Tochter.

Ich muss die Geschichte, die dahintersteckt, erfahren.

Aber er hielt seine Zunge im Zaum. Er wusste, dass es sich angesichts dieses außerordentlichen Sachverhalts, bei dem die Mutter einer Person ein Geist wurde, dauerhaft dasaß und nicht alterte, nicht schickte, das Thema nur aus persönlicher Neugierde anzusprechen.

Und doch möchte ich es wissen.

»Ich frage mich …«

Nein, das geht nicht.

Im Geist schüttelte er heftig den Kopf, wie um die Frage wegzuwischen, die in seinem Kopf herumschwirrte.

Ich kümmere mich jetzt erst einmal um meine Reise in die Vergangenheit.

»Äh, was soll's. Bitte fahren Sie fort.«

Als Kadokura zu Kazu aufblickte, stellte sie die leere Kaffeetasse umgehend vor ihm ab, als hätte sie darauf gewartet, dass er sie anblickte.

»Ich werde Ihnen jetzt den Kaffee eingießen. Ihre Zeit in der Vergangenheit wird beginnen, wenn der Kaffee vollständig eingegossen ist, und so lange andauern, bis der Kaffee kalt ist.

»Ich weiß.«

»Und dort in der Vergangenheit müssen Sie daran denken, den ganzen Kaffee zu trinken, bevor er kalt ist.«

»Bevor er kalt ist?«

»Ja.«

»Und warum?«

»Wenn Sie ihn nicht austrinken, bevor er kalt wird …«

»Was passiert dann?«

»Dann werden Sie sich in einen Geist verwandeln und dauerhaft auf diesem Stuhl sitzen.«

»OHA!«, rief er so laut, wie man es am ganzen Tag noch nicht gehört hatte. Selbst als ihn der Fluch getroffen hatte, war er nicht so laut geworden. Das lag aber nicht nur an seiner Überraschung darüber, dass er ein Geist würde, wenn er den Kaffee nicht austrank; sein Ausruf war aber umso lauter, weil er, wenn das stimmte, das Rätsel gelöst hatte, weshalb die Bedienung, die er vor so langer Zeit im Café gesehen hatte, auf dem Stuhl gesessen hatte, und weshalb sie nicht anders als damals aussah.

Es bestätigte außerdem die Hypothese, dass es sich bei

der Bedienung, die vor ihm stand, tatsächlich um die Tochter der Frau im weißen Kleid handelte.

Wirklich seltsame Umstände …

Kadokura blickte Kazu etwas benommen ins Gesicht. »Warum ist ihr das passiert?«, fragte er unvermittelt. »Du meine Güte. Entschuldigung. Bitte vergessen Sie's. Fahren wir fort.«

Verzweifelt versuchte er zurückzunehmen, was er gesagt hatte. Aber er saß irgendwie auf dem Trockenen und konnte sich mit Worten nicht mehr herausreden.

Kazus Gesichtsfarbe indessen änderte sich nicht. »Sie … Kaname … wollte ihren toten Ehemann besuchen«, antwortete sie.

»Ach herrje. Wirklich?!«

Dass Kazu sie nicht Mutter, sondern beim Vornamen nannte, fand er niederschmetternd.

»Sie kannte die Regeln des Cafés gut. Ich glaube, sie hatte einfach die Zeit vergessen. Es muss ihr entfallen sein, bis der Kaffee kalt war …«

»Und das verwandelte sie in einen Geist?«

»Ja.«

»Ach so«, sagte Kadokura und runzelte angesichts dieser Geschichte die Stirn.

Das sind ja schöne Neuigkeiten.

Bisher waren alle Regeln für die Rückkehr in die Vergangenheit zwar lästig, aber doch nicht glattweg gefährlich gewesen. Auch wenn man niemanden treffen konnte, der nie im Café gewesen war, wenn man nicht von seinem Stuhl aufstehen durfte und die Gegenwart nicht verändern konnte, dann stellte doch keine dieser Regeln ein Risiko dar.

Er hatte selbst erlebt, wie es war, wenn man verflucht wurde. Es war zwar schmerzhaft, aber nicht unerträglich.

Menschen hatten neuralgische Punkte, die beim Drücken schmerzten, und genauso hatte es sich auch bei ihm angefühlt.

Seither war er sogar irgendwie erfrischt, und sein Geist schien klarer. Selbst seine verspannten Schultern, unter denen er schon lange litt, fühlten sich nach dem Fluch besser an. Dem Namen nach mochte es sich um einen Fluch handeln, doch bei ihm hatte er eher als wohltuende Massage gewirkt.

Aber mit dieser Regel war es völlig anders.

Hätte ich nicht erkannt, dass sie und der Geist Tochter und Mutter sind, dann wäre mir möglicherweise entgangen, wie riskant diese Regel ist.

Kadokura hatte sich schon überlegt, was er seiner Frau sagen wollte, wenn er in die Vergangenheit zurückkehrte. Das würde auch nicht viel Zeit in Anspruch nehmen, glaubte er.

Als man ihm sagte, er könne nur so lange in der Vergangenheit bleiben, bis der Kaffee kalt war, hatte ihn das nicht erschüttert. Es war ihm wie eine Menge Zeit vorgekommen. Aber nun hatte er die Beziehung zwischen diesen beiden Frauen erkannt. Sie waren ganz offensichtlich Mutter und Tochter.

Was für eine grausame Regel. Jedenfalls für diese Mutter und diese Tochter.

Er atmete einmal tief durch, damit sich seine Gefühle beruhigen konnten.

Also gut, jetzt muss ich mich auf die Reise in die Vergangenheit konzentrieren, mahnte er sich.

»Dann muss ich also den Kaffee austrinken, bevor er kalt wird.«

»Genau.«

»Schön, alles klar. Dann dürfen Sie den Kaffee jetzt eingießen.«

Bei seinen Worten hob Kazu langsam mit der rechten Hand den silbernen Kessel an. Kadokura verfolgte wie gebannt ihre Bewegung. Sie hielt den Kessel vor ihrer Brust in die Höhe, blinzelte in aller Ruhe und vollführte jede Bewegung sparsam und elegant.

Wie schön. Kadokura stieß unvermittelt den Atem aus. Kazu hielt den Blick auf die leere Tasse gesenkt. Selbst Kadokura bemerkte nun, dass sich die Luft immer mehr mit Spannung auflud. Zu hören war nichts als das Ticken der drei Uhren.

Dong, dong, dong …

Plötzlich schlug die Standuhr ganz links.

»Genau dann«, sagte Kazu, als wäre dies das erwartete Zeichen, und dann flüsterte sie, »bevor der Kaffee kalt wird.«

Ihre Worte hallten durch das ganze Café, und die bereits mit starker Spannung aufgeladene Atmosphäre schien noch heftiger zu erbeben.

Der Raum um mich herum fühlt sich noch kälter an.

Das rituelle Eingießen des Kaffees ging weiter. Kazu begann wie in Zeitlupe den Kaffee in die Tasse zu gießen.

Du meine Güte …

Als aus der vollen Tasse eine Dampfwolke aufstieg, begannen sich die gesamten achtzig Zentimeter im Quadrat, innerhalb derer Kadokura saß, zu verformen und im Tanz mit den sich kräuselnden Dampfschwaden Wellen zu schlagen.

Die Verformungen und das Kräuseln umfingen nun auch Kadokura und verursachten ihm Schwindel.

Was in aller Welt! Verdampfe ich etwa?

Kadokura beobachtete, wie sich seine Hände in Dampf

verwandelten. Und dann hob sich sein gasförmiger Körper langsam in die Höhe.

Die Umgebung dagegen wich nach unten zurück.

Ich hätte nicht gedacht, dass ich einmal so etwas Seltsames erleben würde!

Kadokura verfolgte das Ganze begeistert. Wären seine dampfförmigen Hände verwendbar gewesen, dann hätte er sein Notizbuch herausgezogen und etwas hineingekritzelt. Also versuchte er, so genau wie möglich zu beobachten, was an ihm vorbeizog.

Wenn ich das gewusst hätte, hätte ich eine Videokamera mitgebracht!

Und mit diesem Gedanken des Bedauerns schwand sein Bewusstsein.

Meine Frau Mieko war eine stille Person. Sie sprach selten und hatte keine eigene Meinung. Sie akzeptierte alles und lehnte nichts ab. Sie war einmal geschieden worden. Die Ehe mit ihrem ersten Mann war arrangiert gewesen. Als ich sie nach dem Grund der Scheidung fragte, antwortete sie nur: »Er sagte, ich sei langweilig.«

Meine Ehe mit Mieko war ebenfalls eine arrangierte Ehe. Ich war einunddreißig und Mieko achtundzwanzig. Schon in diesem Alter war ich sehr in die Archäologie vertieft und nur selten in meiner Wohnung anzutreffen.

»Eine Ehe mit mir wird nicht möglich sein. Ich verfüge nicht über Geld und bin nur selten zu Hause. Wer würde jemanden wie mich heiraten wollen?«

So schilderte ich es meiner neugierigen heiratsstiftenden Tante, aber sie brachte mich trotzdem dazu, Mieko zu treffen.

Und dann sagte Mieko: »Damit habe ich kein Problem.«

Trotz Miekos Zusicherung war ich davon überzeugt, dass sie mich schon bald hassen und auf eine Scheidung dringen würde. Ich glaubte nicht, dass ich eine lebenslange Gefährtin haben könnte. Nicht nur war ich von der Archäologie besessen, auch war mir alles andere, was mich nicht interessierte, völlig egal.

Ich bildete mir ein, dass jemand wie ich andere niemals glücklich machen könnte, denn ich dachte stets nur an mich. Davon bin ich immer noch überzeugt. Trotzdem kam Mieko nie das Wort Scheidung über die Lippen.

»Bis dann. Pass auf dich auf.« Sie machte nur wenige Worte, brachte mich aber immer mit einem Lächeln auf den Weg.

Und wenn ich dann nach Monaten wieder nach Hause kam, nahm sie mich mit Worten in Empfang wie: »Oh, da bist du ja. Möchtest du zu Abend essen?« Bei ihr klang das, als wäre ich erst am Morgen aufgebrochen.

An Gesprächen lag mir mehr, als ich dachte. Nach der Rückkehr von einer Expedition unterhielt ich mich mit Mieko über Begebenheiten bei der Grabung und Dinge, die ich gesehen oder gehört hatte, alles verzeichnet in meinem Notizbuch.

Ein solches Gespräch schloss Mieko immer mit den Worten: »Das ist mir alles zu hoch.«

Trotzdem hörte sie sich meine Geschichten immer geduldig bis zum Ende an, ohne mich zu unterbrechen. Mir war es egal, ob sie verstand, wovon ich redete. Ich glaube, ich brauchte nur jemanden, der zuhörte.

Ich weiß, dass ich unter meinesgleichen als versponnen gelte. Vielleicht war ich auch einsam. Ich fand es aber in Ordnung, einsam zu sein. Und so wie ich war, war Mieko die Einzige, die mir jemals einen Ort bot, an dem ich mich zu Hause fühlte.

Als unsere Kinder geboren wurden, rieten mir Kollegen: »Warum verbringen Sie nicht mehr Zeit zu Hause?«

Dies belastete mich mehr, als ich gedacht hatte. Es belastete mich, weil ich mich immer für jemanden gehalten hatte, der keine Nähe ertrug. Ich hatte ja nicht einmal geglaubt, dauerhaft verheiratet zu bleiben.

Mit Mieko funktionierte das nur, weil sie besonders war. Die Kinder allerdings wünschten sich eine normale Familie mit einem normalen Vater. Aber es gelang mir nicht, mich zu ändern. Deshalb erstaunte es mich auch nicht weiter, als meine zweite Tochter zu mir sagte: »Komm uns doch mal wieder besuchen.«

Das war klug, dachte ich, als sie es sagte. Ich bewunderte ihren Sinn für Humor.

Glücklicherweise fand meine Forschung Anerkennung, und wir waren nicht in finanziellen Schwierigkeiten. Als die Kinder erwachsen wurden, gab es nur eines, was ich für sie tun konnte – ihnen ein Haus kaufen.

»Endlich tust du einmal etwas Vatertypisches«, sagte meine ältere Tochter, aber ich weiß nicht, ob man das vatertypisch nennen kann, wo mir Geld doch nichts bedeutete. Ich hatte keine Verwendung dafür.

Ich hatte einfach Miekos Rat befolgt und von etwas, das für mich keinen Wert hatte, meiner Tochter ein Haus gekauft. Als ich fragte, ob ich Mieko auch ein Haus kaufen sollte, lehnte sie ab und meinte: »Außer dieser Wohnung brauche ich nichts.«

So haben sie und ich immer in derselben Wohnung gewohnt. Für mich ist das nur ein Ort, an dem ich gelegentlich nach Hause komme. Doch selbst, wenn es nur das war, fand Mieko nichts daran auszusetzen.

Hätte ich eine andere Frau geheiratet, wäre ich wohl nicht dortgeblieben. Ich frage mich, was Mieko wohl darüber gedacht hat. Jetzt lässt sich das nicht mehr erfahren.

»Die arme Mama.«

»Du solltest sie besser behandeln.«

»Sie ist jetzt ganz allein.«

Meine Kinder machten sich um ihre Mama Sorgen, wie das Kinder eben so tun.

»Wenn du doch nur ein normaler Papa wärst.«

Das hatte mein Sohn gesagt, als er noch in der Grundschule war. Damals hatte ich keine Ahnung, wie man ein normaler Vater war. Andererseits konnten meine Kinder die Art von Glück nicht verstehen, der ich nachjagte.

Und doch teilten Mieko und ich unser Leben. Aber dann hatte sie einen Unfall und fiel ins Koma. Ihre Augen sahen nichts mehr; ihre Ohren hörten nichts mehr. Meine Kinder trauerten, aber sosehr ich das auch für angebracht hielt, hatte ich keine Ahnung, wie ich trauern sollte.

Immerhin war sie noch am Leben.

Als meine Expedition endete, besuchte ich das Krankenhauszimmer, in dem Mieko lag. Zu Hause war für mich immer, wo Mieko war, nirgends sonst.

»Ich muss dir von den aufregenden Dingen erzählen, die ich diesmal entdeckt habe.«

Und als ich mich nun in ausschweifende Erklärungen erging, konnte sie diese nicht nur nicht mehr verstehen, die Worte erreichten nicht einmal mehr ihre Ohren.

Es ist nun zweieinhalb Jahre her, dass sie ins Wachkoma

fiel. Ihr Arzt sagte: »Eine Genesung ist ausgeschlossen, aber angesichts ihres Alters wird sie im besten Fall noch ein Jahr leben. Vielleicht noch weitere sechs Monate, aber das kann ich nicht sagen.«

»Ich verstehe. Vielen Dank.«

Zum ersten Mal in meinem Leben verspürte ich wirklich dieses Gefühl, das man *Bedauern* nennt.

Da ich immer meiner Leidenschaft treu geblieben war, war ich davon ausgegangen, dass bei mir nichts unerledigt geblieben war. Aber nun war doch etwas unerledigt. Ich musste in die Vergangenheit zurückkehren und Mieko etwas sagen, *das ich ihr zu sagen vergessen hatte, bevor sie ins Koma fiel.*

»Papa? Warum bist du hier?«

Ich wurde von der kreischenden Stimme meiner Tochter geweckt.

Sie hatte meine Enkelin im Arm und starrte mich von der Kasse her an. Ich blickte mich um, aber ansonsten hatte sich im Café seit meiner Rückkehr in die Vergangenheit nichts verändert. Es lag immer noch im gedämpften Sepialicht der Schirmlampen. An der Decke drehte sich der hölzerne Ventilator. Und die drei großen Pendeluhren tickten, eine jede in ihrer eigenen Zeit.

Ohne meine Enkelin im Arm meiner Tochter hätte nichts darauf hingedeutet, dass ich in die Zeit zurückgereist war. Vor meiner Reise zurück in die Vergangenheit war meine Enkelin sechs.

Im nächsten Jahr würde sie in die Schule kommen. So wie sie bei meiner Tochter auf dem Arm saß, sah sie wie zwei oder drei aus. Ich musste also drei oder vier Jahre in die Vergangenheit gereist sein.

Aber Mieko ist nicht hier.

Es war ein kleines Café. Selbst aus der hintersten Ecke war alles zu überblicken. Ich sah niemanden außer der Bedienung, die mir den Kaffee eingegossen hatte und nun hinter der Theke stand.

»Papa? Wo kommst du denn her?«

Das war meine zweite Tochter, die das Gesicht hinter meiner älteren Tochter hervorstreckte.

»Hä?«

Einen Augenblick lang stand mein Sohn in der Tür, aber dann trat er wieder zurück. »Hey, Mama. Du wirst es nicht glauben, aber Papa ist hier«, sagte er.

Meine Töchter, mein Sohn und Mieko mussten zusammen beim Café eingetroffen sein.

»Na, so was! Hallo!«, sagte Mieko, als sie mich sah. Sie kam heran und setzte sich mir gegenüber auf den Stuhl.

»Hallo. Willkommen«, sagte die Bedienung, während sie allen Gläser mit Wasser hinstellte. Mieko bestellte einen Kaffee, meine zweite Tochter und mein Sohn, die am mittleren Tisch Platz nahmen, bestellten sich Eiskaffee.

Meine ältere Tochter blieb mit meiner Enkelin auf dem Arm neben unserem Tisch stehen.

»Ich nehme einen frischen Zitronensaft, und könnte ich bitte eine warme Milch für meine Tochter haben? Wir sitzen dann an der Theke«, sagte sie zur Bedienung.

»Natürlich«, antwortete die Bedienung mit einem höflichen Nicken und ging in die Küche.

»Du hättest uns erzählen können, dass du auch kommst.«

»Aber hast du nicht gesagt, du würdest zu einer Ausgrabung nach Frankreich reisen?«

»Mama, hast du gewusst, dass Papa auch kommt?«

Mieko quittierte das Hin und Her zwischen meinen Töchtern mit einem Kopfschütteln.

Frankreich, das bedeutet, es muss ungefähr Juni sein, vor drei Jahren.

Als ich meine Erinnerungen zusammenfügte, kam ich in etwa auf den betreffenden Tag. Mieko hatte den Unfall, durch den sie ins Koma fiel, etwa um Weihnachten, ungefähr sechs Monate später.

Wie es meine Töchter erzählten, war Mieko allein auf dem Gehweg, als eine Person, die gerade am Handy Textnachrichten schrieb, mit dem Fahrrad gegen sie prallte.

Obwohl sie stürzte und sich heftig den Kopf anschlug, kam sie wieder auf die Beine und ging nach Hause, als wäre nichts geschehen. Doch dann verlor sie das Bewusstsein und stürzte ein zweites Mal direkt vor unserer Wohnung.

Ein Nachbar rief den Rettungsdienst, und sie wurde mit dem Krankenwagen abgeholt. Das Bewusstsein erlangte sie nicht wieder.

Es geschah so plötzlich.

Das Wachkoma ist eine Bewusstseinsstörung. Das Großhirn wird beschädigt, und die Fähigkeiten zum Denken, Sehen, Hören und für gezieltes Handeln gehen verloren. Die Funktionen des Stammhirns, welche die Atmung und andere lebenswichtige Funktionen steuern, bleiben erhalten.

Menschen mit eingetretenem Hirntod dagegen verfügen über keinerlei Gehirnfunktionen mehr, und atmen ist nur über ein Beatmungsgerät möglich.

In solchen Fällen ist ein Überleben selbst mit Beatmungsgerät nicht länger als zwei Wochen möglich.

Ein Koma dagegen kann je nach Zustand der Person zwischen zwei und fünf Jahren andauern.

Eine Frau aus den Vereinigten Arabischen Emiraten wachte nach 27 Jahren im Wachkoma wieder auf.

Sie sagten, Mieko würde angesichts ihres Alters nicht mehr allzu lange leben.

Jetzt, wo Mieko mir gegenübersaß, wäre es ihr wahrscheinlich unbegreiflich, dass sie in einen solchen Zustand fallen könnte. Und selbst wenn ich ihr davon erzählen würde, um den Unfall abzuwenden, könnte ich trotzdem die Gegenwart nicht verändern.

Das habe ich verstanden.

Aber was wäre, wenn…

Nichts in dieser Welt ist in Stein gemeißelt. Vielleicht haben die Regeln ja doch irgendein Schlupfloch, und der Zeitpunkt von Miekos Unfall kann sich ändern? Ich halte das nicht für völlig ausgeschlossen. Genau, der Zeitpunkt des Unfalls könnte sich ändern, vielleicht um ein Jahr, um zwei – oder fünf, oder zehn. Die Gegenwart, die sie in einem Wachkoma verbringt, mag sich nicht ändern lassen, aber vielleicht ja der Zeitpunkt, als es eintrat?

Mir gingen zwei Möglichkeiten durch den Kopf.

Ich könnte der Regel Glauben schenken und Mieko sagen, was ich ihr sagen möchte. Ich sollte ihr aber nichts vom Unfall erzählen, weil das für sie und die Kinder nur eine unnötige Belastung wäre.

Das war mein erster Gedanke.

Ich könnte aber auch bei der Regel ein mögliches Schlupfloch in Betracht ziehen. Auf alle Fälle sollte ich

Mieko sagen, was ich ihr sagen möchte, ihr aber auch vom Unfall erzählen.

Wenn auch nur die geringste Möglichkeit dafür bestand, wollte ich versuchen, den Zeitpunkt zu verändern. Die Bedienung hatte allerdings gesagt: »Es gibt keinen Fall, in dem eine Person das Erlebte vergisst.« Diese Worte machten mir zu schaffen. Wenn ich ihnen erzählte, dass Mieko ins Wachkoma fallen würde, dann mussten sie mit diesem Wissen leben. Je mehr sich meine Gedanken im Kreis bewegten, desto mehr fühlte ich mich wie in einem Irrgarten ohne Ausgang.

»Papa, ist das nicht überhaupt das erste Mal, dass du deine Enkelin siehst?«

»Das wäre ja furchtbar, wenn das stimmt.«

»Immerhin reden wir hier von Papa, also ist es nicht unmöglich.«

»Wenn ich's mir so überlege, Schwesterherz, dann siehst du dabei auch nicht so gut aus, wenn du dich nicht daran erinnern kannst.«

»Kann schon sein. Aber hey, es geht hier um Papa, und der ist selten genug in Japan.«

»Das stimmt.«

»Du hast als Kind einmal zu Papa gesagt: ›Komm uns doch mal besuchen‹, erinnerst du dich?«

»Das war Takeo, oder?«

»War das Takeo?«

»Das war ich nicht. Ich habe zu ihm gesagt: ›Wer sind Sie, gnädiger Herr?‹«, warf mein Sohn ein.

»Also ›Komm uns doch mal besuchen‹, habe ich gesagt? Ich weiß das gar nicht mehr.«

»Übrigens, Takeo, Mama hat gesagt, dein zweites Kind wäre zur Welt gekommen?«

»Ja, letzten Monat.«

»Wie schade, dass du ihn nicht mitgebracht hast. Es ist eine der wenigen Gelegenheiten, ihn Papa zu zeigen.«

»Das stimmt. Wenn ich es gewusst hätte, dann hätte ich ihn mitgebracht.«

»Warum hast du uns denn nicht gesagt, dass du hier sein wirst?«, fragte mich meine ältere Tochter plötzlich.

Ich hatte mich immer noch nicht entschieden, ob ich ihnen von dem Unfall erzählen sollte. Mieko kannte ich gut genug, um mir sicher zu sein, dass sie die Neuigkeit ruhig aufnehmen würde. Das war ihre Art. Andernfalls wäre sie nicht bis zu diesem Tag meine Ehefrau geblieben.

Das Problem waren meine Kinder. Ich stellte mir vor, wie verzweifelt sie nach einer solchen Nachricht sein würden, und erzählte ihnen eine Lüge.

»Ich habe einige wichtige Dokumente vergessen. Deshalb wollte ich hier Herrn Kumada treffen, um sie mitzunehmen.«

Ich kann mich noch nicht entscheiden. Vielleicht ist es besser, erst einmal abzuwarten.

Meine älteste Tochter gab sich allerdings nicht mit meiner klug ausgedachten Lüge zufrieden. »Selbst wenn das nicht stimmt, solltest du wenigstens behaupten, du wärst wegen des Hochzeitstages hier«, erklärte sie unversehens.

Ich begriff den Zusammenhang nicht. Es kam völlig unerwartet.

»Hochzeitstag? Wessen Hochzeitstag?« Ich reckte den Kopf nach vorn.

»Du machst wohl Witze? Du bist hier und weißt das nicht?«

»Im Ernst?« Meine beiden Töchter blickten mich ungläubig an.

»Du weißt nicht, dass uns Mama jedes Jahr zum Hochzeitstag hierher einlädt?«

»Warum sollte eure Mutter das Bedürfnis haben, Jahr für Jahr in dieses Café zu kommen, um den Hochzeitstag von irgendwem zu feiern?«

»Idiot«, seufzte meine ältere Tochter etwas übertrieben und ließ sich auf einen Hocker an der Theke sinken.

Mieko kicherte leise.

»Mama, wie kann es sein, dass du nicht wütend bist?«

»Ach, komm schon, was willst du bei Papa schon anderes erwarten«, bemerkte Takeo.

»Was? Findest du, wir sollten alle kochen vor Wut?«

»Genau.«

Meine ältere und meine zweite Tochter tranken ihren Zitronensaft und ihren Eiskaffee und knallten die Gläser wütend auf den Tisch.

»Aber um wessen Hochzeitstag geht es denn überhaupt?«

»Da hörst du es selbst! Das reicht. Mama, komm, wir gehen.«

»Wenn er mein Ehemann wäre, hätte ich mich längst von ihm scheiden lassen. Unglaublich.«

Meine Töchter wandten ihre vor Wut geröteten Gesichter von mir ab.

»Bitte erklär mir, was los ist«, wandte ich mich Hilfe suchend an meinen Sohn.

Ich hing mit den Gedanken immer noch an der Frage, ob ich ihnen von dem Unfall erzählen sollte, und konnte mich nicht um etwas kümmern, von dem ich keine Ahnung hatte.

Mein Sohn erhob sich, trat zwischen seine beiden Schwestern und gab ihnen Zeichen, sich wieder zu beruhigen.

»Papa, du hast das vielleicht vergessen, aber vor gut zwanzig Jahren warst du schon einmal in diesem Café, nicht wahr? Und zwar mit Mama.«

»Ja, wir waren hier. Aber nur einmal.«

»Und war das nicht an eurem Hochzeitstag?«

»War es das?«

»Ja.«

»An unserem Hochzeitstag?« Wieder reckte ich den Kopf nach vorn.

»Und heute ist *euer* Hochzeitstag!«, erklärte meine Älteste wütend.

»Aber warum muss Mama dann jedes Jahr in dieses Café kommen?«

»Das fragst du sie lieber selber, findest du nicht?«

Mein Sohn zuckte mit den Schultern, und meine beiden Töchter seufzten tief.

Als sie Mieko anblickten, lächelte sie schüchtern. »Das war nur so aus einer Laune heraus.«

Ich habe nie verstanden, warum so ein Aufhebens um Hochzeitstage gemacht wird. Und ich glaube, nur Mieko versteht diese Seite von mir. Meine Kinder wären glücklicher, wenn ich mehr nach den sozialen Normen leben würde. Aber in diesen habe ich nie einen besonderen Wert gesehen.

»Oh nein …«

Die Tasse in meiner Hand war schon kälter als erwartet.

Das darf ich auf keinen Fall vergessen. Ich muss den Kaffee trinken bevor er kalt ist.

Ich trank einen Schluck Kaffee.

Lauwarm.

Das ganze Gerede über den Hochzeitstag hatte mich davon abgehalten, das Gespräch zu beginnen. Jetzt musste ich schnell entscheiden, ob ich ihr vom Unfall erzählen wollte oder nicht.

»Oh!«

Plötzlich bemerkte ich die Bedienung, die schweigend hinter der Theke stand.

Warum habe ich nicht früher daran gedacht?

Ich hob die Hand und rief zu ihr hinüber: »Entschuldigung, dürfte ich Sie bitte etwas fragen? Ich weiß, die Gegenwart ist wie in Beton gegossen, aber die genaue Abfolge, wie die Dinge zu diesem Ergebnis führen, ist das möglicherweise nicht. Wäre es möglich, dass sich diese Abfolge ein bisschen verschiebt?«, kam ich wegen der knappen Zeit direkt auf den Punkt.

Meine Kinder musste diese Frage sehr verwirrt haben.

Aber sie hatten immer noch nicht verstanden, dass ich aus der Zukunft gekommen war.

Die Bedienung, dachte ich, würde meine Frage aber verstehen, da sie in diesem Café arbeitete.

Wie erwartet antwortete sie nur: »Ich kann das nicht mit Sicherheit sagen.«

Mir genügte das als Antwort.

Also gut. Ich habe mich entschieden.

»Das mit dem Hochzeitstag tut mir wirklich leid«, sagte ich. »Ich wusste nicht, dass heute unser Hochzeitstag ist. Ich erinnere mich aber an den Tag, den ihr meint. Es war einer der seltenen Tage, an denen ich etwas Freizeit hatte, und Mieko schlug vor: ›Wollen wir nicht irgendwo hingehen?‹, und ich sagte: ›Also schön, gehen wir in ein Café‹, und deshalb kamen wir zusammen hierher … Ich bin einfach ein schlechter Ehemann, der Hochzeitstage vergisst. Mieko, ich hoffe, du kannst mir das verzeihen. Das ist alles.«

Meine Töchter blickten mich an, wie ich mit gebeugtem Kopf dasaß. Dann sahen sie sich gegenseitig an. Sie schlugen die Augen nieder, denn ihnen war mein unerwarteter Anblick mit tief gebeugtem Kopf offensichtlich peinlich.

Es war Mieko, die das unangenehme Schweigen beendete.

»Es macht mir nichts aus. Wenn ich etwas über dich weiß, dann, dass du keinen Sinn für Hochzeitstage hast«, bemerkte sie mit einem Kichern.

Sie reagierte genau wie erwartet. Mieko war einfach diese Art von Frau.

»In Wirklichkeit komme ich aus einem ganz bestimmten Grund aus der Zukunft hierher.«

»Was?« Meine Töchter rissen beide die eben noch gesenkten Köpfen hoch.

»Dann ist das Gerücht über dieses Café –«

»Es ist wahr. Ja«, bestätigte ich und unterbrach meinen Sohn mit einer Handbewegung.

Es wäre leichter gewesen, zur Sache zu kommen, wenn alle in etwa gewusst hätten, was sich abspielte, aber für all diese Gespräche war keine Zeit.

»In ungefähr sechs Monaten wird Mieko einen Unfall haben und ins Wachkoma fallen. Sie wird dann noch etwa zweieinhalb Jahre leben«, erklärte ich, denn ich hatte mich für diese Schätzung entschieden.

»Ins Wachkoma?«

»Genau«, antwortete ich lapidar auf Miekos Frage.

»Du meine Güte«, murmelte Mieko und senkte erschüttert den Blick.

»Das ist doch ein Scherz, oder?«

»Was sagst du denn da? Das ist nicht lustig.«

Meine beiden Töchter blickten mich ungläubig an.

Mein Sohn dagegen sah tief bekümmert aus. Offenbar war er mit der Regel des Cafés vertraut: Die Gegenwart kann nicht verändert werden.

»Ihr könnt mir das glauben – oder nicht. Das überlasse ich euch.«

»Wie kannst du nur so etwas sagen?«, rief meine ältere Tochter, dass es im ganzen Raum hallte.

Durch ihre Stimme aufgeschreckt fing meine Enkelin an zu weinen.

Doch obwohl ihre geliebte Tochter so schrie, kreischte meine älteste Tochter unmäßig weiter:

»Ich kenne dieses Gerücht. Ich habe nie darüber nachgedacht, ob es stimmt. Aber selbst wenn es wahr ist, wie kannst du es wagen! Hast du eine Ahnung, was du Mama da eben gesagt hast? Dass sie in sechs Monaten … was? Und das sagst du so nüchtern und offensichtlich ungerührt. Wie kannst du nur?«

»Hört einfach zu, wir haben keine Zeit.«

»Das ist mir völlig egal! Du warst schon immer so! Immer ist es nur um dich gegangen! Um Mamas Gefühle oder unsere hast du dich nie gekümmert! Immer hast du uns um den Finger gewickelt. Mir reicht's! Warum tust du das nur? Du solltest wenigstens an Mamas Gefühle denken.«

Nachdem sie all das gesagt hatte, ließ sich meine älteste Tochter wieder erschöpft auf den Barhocker sinken. Meine Enkelin auf ihrem Arm weinte. Aber meine Tochter war nicht dazu fähig, sie zu trösten.

Meine zweite Tochter nahm ihr das Kind aus dem Arm. »Willst du damit sagen, es ist nicht möglich, den Unfall abzuwenden, der Mama geschehen wird?«, fragte sie kühl.

»Es ist unvermeidlich«, antwortete ich knapp.

»Aber warum bist du dann gekommen? Du wolltest

doch bestimmt nicht nur Mama über ihr unausweichliches Schicksal informieren, oder?«

»Äh, nein…«

»Also dann, bring es zum Abschluss. Sage, was du sagen willst, und dann verschwinde wieder.« Sie sagte das völlig ruhig, war aber offensichtlich immer noch wütend über das, was ich erzählt hatte.

Trotzdem war ich innerlich erleichtert. *Dem Himmel sei Dank,* dachte ich. Die Temperatur des Kaffees in meiner Hand verriet, dass mir nur wenig Zeit blieb.

»Gut.« Ich bedauerte nicht, dass ich die Zukunft vorausgesagt hatte.

Sollte ich aber in die Zukunft zurückkehren, ohne irgendetwas zu unternehmen, dann wäre alles umsonst gewesen. Jetzt konnte ich nicht erwägen, was gut war und was schlecht. Ich musste dafür sorgen, dass das Gesagte nicht nutzlos war. Das war das Wichtigste.

»Mieko.«

»Ja?«

»Bis jetzt habe ich mein Leben so gelebt, wie ich es leben wollte.«

»Ja.«

»Ich habe getan, was ich wollte, koste es, was es wolle.«

»Ja.«

»Deshalb dachte ich, dass es in meinen siebenundsechzig Lebensjahren nichts zu bedauern gibt.«

»Wahrscheinlich nicht.«

»Das galt aber nur, bist du ins Wachkoma gefallen bist.«

»Du meine Güte.«

Mieko blickte mich völlig überrascht an.

»Ich war ebenfalls überrascht. Ich begriff das zum ersten Mal. Dass ich etwas bedauerte. Es war zum ersten Mal, dass ich das erlebte. Aber in der Zukunft kann ich mit dir über nichts mehr reden. Deshalb bin ich gekommen. Da ist etwas, das ich dir sagen möchte.«

»Das du mir sagen möchtest?«

»Ja.«

»Also gut, ich höre.«

»Ich war in meinem Leben mit dir glücklich.«

Dass ich ihr diese Worte nicht hatte sagen können, hatte ich bedauert.

Als Mieko ins Wachkoma gefallen war, konnte ich nicht mehr mit ihr sprechen und konnte ihr nichts mehr sagen.

»Ich habe dir noch nie so etwas gesagt, und deshalb wirst du mir vielleicht nicht glauben. Ich wollte, dass du weißt, dass ich *deinetwegen* glücklich war. Das wollte ich dir sagen. Ich *war* glücklich. Danke. Das ist alles, was ich sagen wollte.«

Und mit diesen Worten trank ich meinen Kaffee in einem Zug aus. Er war bitterer als der Kaffee, den ich sonst trinke. Seine Schärfe schien mich aufzumuntern, während mir sein Aroma tief in die Nase stieg. Im Hals blieb nach dem Hinunterschlucken keine Wärme zurück. Möglicherweise hätte es nur noch wenige Sekunden gedauert, bis er ganz kalt war.

Das war knapp.

Ich stellte die Tasse wieder auf den Tisch und atmete durch. Meine Töchter blickten mich entsetzt an. Offenbar hatten sie Schwierigkeiten, unserem wilden Gespräch mit seinem achterbahnartigen Auf und Ab zu folgen.

»Lasst euch durch das, was ich gesagt habe, nicht beunruhigen.« Meine Enkelin schlief jetzt bei meiner zweiten Tochter auf dem Arm. »Seht es einfach so: Eure Mutter wird in ungefähr sechs Monaten ins Wachkoma fallen. Der

Unfall passierte so plötzlich, dass er alle unerwartet traf. Und wenn es passiert, dann wird alles Bedauern, so wie meines – hätte ich nur dies getan, hätte ich wenigstens jenes gesagt – vergeblich sein. Was immer ihr sagt, die Regel wird dafür sorgen, dass eure Mama ins Wachkoma fällt. Das ist nicht zu vermeiden. Aber eure Erinnerung daran, was heute passiert ist, die wird euch erhalten bleiben.«

Ich bemerkte einen leichten Schwindel, und meine Umgebung fing an, Wellen zu schlagen.

»Deshalb müsst ihr eure Mama während der nächsten sechs Monate gut behandeln, damit ihr nichts bedauern müsst – sogar noch besser als zuvor. Tut das bitte für mich.«

»Okay …«

Als ich die Stimme meiner zweiten Tochter hörte, verwandelte sich mein Körper plötzlich in Dampf und begann, nach oben zu steigen.

»Papa!«, schrie meine ältere Tochter.

Ich konnte sehen, wie ihr die Tränen kamen.

Ich konnte aber nicht sagen, ob nun aus Wut oder aus Trauer.

Meine Umgebung schien unter mir zurückzuweichen.

Ab diesem Punkt verlor ich allmählich das Bewusstsein.

Während ich wegdämmerte, bemerkte ich plötzlich, dass Mieko zu mir aufblickte. Auch sie weinte.

»Mieko!«

»Liebling.«

»Ich werde nicht Lebewohl sagen.«

Ich hoffte immer noch auf die Möglichkeit, dass sich die Zeitabfolge verschob. Aber das würde ich erst mit Sicherheit wissen, wenn ich wieder in die Zukunft zurückgekehrt war.

»Ich …«

»Ja?«

»Ich war immer glücklich.«

»Ach, wirklich?«

»Ja.« Miekos Stimme war genauso wundervoll wie immer.

Nach seiner Rückkehr aus der Vergangenheit entschied sich Kadokura dagegen, das *Oyakodon*-Hühnchen mit Ei auf Reis zu essen, und verließ das Café stattdessen in großer Eile.

Er nahm ein Taxi zum Krankenhaus, in dem Mieko lag.

Das Fenster im Krankenzimmer stand offen, und der weiße Spitzenvorhang bauschte sich in der Brise. Auf dem Tisch neben Miekos Bett stand ein Foto von ihren Kindern.

Kadokura trat leise in den Raum und hängte seinen leichten Mantel auf, während er wieder zu Atem kam. Ein Kirschblütenblatt, das sich darin verfangen hatte, flatterte auf dem Boden.

»Die zeitliche Abfolge hat sich nicht verändert …«, sagte Kadokura, als er neben dem Bett Platz nahm.

Miekos Brust hob und senkte sich sanft. »Wie seltsam«, sagte er mit bebender Stimme, während er weiter ihren Atem beobachtete.

»Mir ist es gelungen, mein Bedauern loszuwerden. Aber jetzt hoffe ich darauf, dass du aufwachst!« Ihm liefen Tränen über die Wangen. Viele Male versuchte er, sie abzuwischen. Aber diese Tränen wollten einfach nicht versiegen.

DAS LEBEWOHL

»Ihr Hund?«

Nana Kohtake, die auf einem Hocker an der Bar saß, neigte den Kopf zur Seite und schob eine Augenbraue hoch. Sie arbeitete als Schwester im örtlichen Krankenhaus und hatte sich angewöhnt, täglich nach der Arbeit ins Café zu kommen.

»Ja, er hieß Apollo«, antwortete Mutsuo Hikita und nahm die regennasse Brille ab.

Mutsuo war siebenunddreißig Jahre alt. Er hatte einen Bürstenschnitt und einen Bart. Er trug Polohemd, kurze Hose und hielt einen Rucksack in der Hand. Er stand am Eingang und sah ziemlich durchnässt aus.

»Regnet es? Nach der Vorhersage sollte es heute schön sein.«

Nagare Tokita kam mit einem Handtuch aus dem Hinterzimmer.

»Danke«, sagte Mutsuo und nahm ihm dankbar das Handtuch ab.

»Ja, Sie hatten ihn manchmal dabei, wenn Sie das Café besuchten; ein Golden Retriever, nicht wahr?«

»Ja. Genau der.«

»Ist etwas passiert?«, fragte Nagare, worauf sich Mutsuos Gesicht verfinsterte.

»Ja, er ist letzte Woche gestorben, an Altersschwäche. Er war dreizehn.«

»Oje. Das ist aber traurig …«

»Ja, nun … für ihn war es nicht so schlimm. Er dürfte ohne großes Leiden verschieden sein«, erwiderte Mutsuo, während er sich den Kopf mit dem Handtuch abtrocknete.

»Dürfte?«, fragte Kohtake nach.

»Ah, ich meine … in seinen letzten Augenblicken, meine Frau …«, setzte Mutsuo mit erstickter Stimme an. Nach längerem Schweigen holte er entschlossen Luft und blickte auf.

»Apollo war unser Haustier, aber während dieser dreizehn Jahre war er für uns als Paar wirklich wichtig. Eigentlich wollten wir Kinder und haben es sogar mit einer Fertilitätsbehandlung versucht, aber es war einfach nicht möglich …«

»Also, dreizehn Jahre sind für einen großen Hund ziemlich viel. Bei einem Menschen entspricht das fast neunzig, nicht wahr? Und erst recht für einen großen Hund wie einen Golden Retriever, richtig?«, bemerkte Kohtake leise und blickte Mutsuo ins traurige Gesicht.

»Ja, das stimmt. Und wir waren auch beide darauf vorbereitet. Die letzten Tage vor seinem Tod wechselten meine Frau und ich uns ab und betreuten ihn ständig, damit er nicht allein war. Und das war uns kein bisschen lästig. Ganz im Gegenteil, wir genossen jeden weiteren gemeinsamen Tag und wünschten uns, dass es so weitergehen würde. Jede Sekunde mehr wäre schön gewesen. Andere Gedanken hatten wir nicht.«

Während er Mutsuo zuhörte, waren Nagares Augen auf ein gerahmtes Bild neben der Kasse gerichtet: eine lächelnde Kei Tokita. Ohne seinen Gesichtsausdruck zu verändern, sagte er, eher zu sich selbst: »Ich weiß, was Sie meinen.«

»Als dann bei Apollo schließlich die Temperatur sank und er hin und wieder Krämpfe hatte, blieb meine Frau bei ihm, wobei sie kaum zum Schlafen kam. Und deshalb …«

»Oh nein …« Kohtake und Nagare wechselten einen Blick.

»Doch. Es passierte, als nur meine Frau bei ihm war. Sie wachte auf und entdeckte, dass Apollo kalt geworden war.«

»Aber … solche Dinge …«

»Ja, ich weiß. Solche Dinge lassen sich nicht verhindern. Das habe ich ihr auch gesagt. Aber meine Frau kann sich nicht verzeihen, dass sie eingeschlafen ist. Sie konnte sich am Ende nicht verabschieden.«

»Dann ist es also *Ihre Frau,* die in die Vergangenheit zurückreisen möchte?«

»Äh, eigentlich nicht.« Mutsuo schüttelte den Kopf. »Meine Frau weiß gar nichts über diese Besonderheit des Cafés.«

»Aber was meinen Sie dann?«

»Es ist nur … wenn es möglich wäre, in die Vergangenheit zurückzukehren und Apollos Gesicht noch einmal zu sehen … Ich glaube, das würde sie aufmuntern …«

»Ich verstehe.« Kohtake nickte und schlürfte den letzten Tropfen ihres Eiskaffees.

Nagare hörte Mutsuo mit verschränkten Armen zu.

»Sie wissen, dass für die Reise in die Vergangenheit gewisse Regeln gelten?«, fragte er.

»Ja … In dieser Zeitschrift habe ich über dieses Café und dieses Gerücht gelesen.«

»Einer Zeitschrift?«

Als Erwiderung auf Kohtakes ungläubig zusammengezogene Augenbrauen zog Mutsuo eine Zeitschrift aus seinem Rucksack, schlug einige Seiten um und deutete auf einen Artikel.

»Hier, lesen Sie.«

»Die Wahrheit über die moderne Legende um das Café, das einen in der Zeit zurückversetzen kann. Was ist das?«

Kohtake blickte Nagare überrascht an.

»Ach, da war so ein Journalist, das ist lange her. Du meine Güte, wie viele Jahre? Kazu war noch in der Junior Highschool … also vielleicht sieben oder acht Jahre.«

Kohtake blickte noch einmal auf Zeitschrift.

»›Das Café heißt Funiculi Funicula. Durch das Gerücht, dass man dort in die Vergangenheit reisen könne, wurde es so berühmt, dass die Kunden dort täglich in langen Schlangen anstanden …‹«

Kohtake las die Einleitung laut vor, den Rest dann für sich.

»Das ist eine alte Zeitschrift. Es wundert mich, dass überhaupt noch jemand Exemplare hat«, sagte Nagare, während er die von Mutsuo bestellten Kaffeebohnen in eine Tüte packte.

»Ich fand sie in einem Antiquariat. Es stehen sogar die Regeln im Artikel«, erwiderte Mutsuo und lächelte stolz.

In der Zeitschrift wurden fünf Regeln erwähnt.

1. Wer in die Vergangenheit zurückreist, kann nur jemanden treffen, der das Café schon einmal besucht hat.
2. Man kann die Gegenwart nicht verändern, sosehr man sich auch bemüht.
3. Auf dem Stuhl, der einen in die Vergangenheit bringt, sitzt ein Gast.
4. Wenn man in die Vergangenheit zurückreist, darf man weder vom Stuhl aufstehen noch sich davon wegbewegen.
5. Es gibt ein Zeitlimit.

Kohtake hielt die Zeitschrift in die Höhe. »Kurz gesagt steht dort, dass es nicht sicher ist, ob man in diesem Café wirklich in die Vergangenheit zurückreisen kann. Man sollte diese Leute wegen Verleumdung verklagen!« Sie blies verärgert die Backen auf.

»Der Andrang der Kundschaft hat sich eigentlich nie geändert«, antwortete Nagare und kratzte sich am Kopf. »Okay, bitte sehr. Eine Tüte Kaffeebohnen. Das macht tausendzweihundert Yen bitte.«

Nagare reichte Mutsuo die Tüte mit den Kaffeebohnen und tippte energisch auf die Tasten der Kasse.

»Hm … ja«, stammelte Mutsuo. »Und danke dafür.« Er reichte das zusammengelegte Handtuch zurück und bezahlte.

»Jedenfalls sehe ich kein Problem, falls Ihre Frau in der Zeit zurückreisen möchte: Ich rate allerdings davon ab, wenn sie nicht Bescheid weiß … Es spielt keine Rolle, ob sie daran glaubt oder nicht, aber um in die Vergangenheit zurückzukehren, muss sie die Regeln befolgen. In der Zeitschrift wird das nicht erwähnt, aber wenn man in die Vergangenheit zurückreist, muss man eine ganze Tasse Kaffee austrinken, bevor sie kalt ist. Wenn Ihre Frau nun zurückreist und nicht den ganzen Kaffee trinkt, würde sie zu einem Geist und müsste für immer an diesem Tisch sitzen.«

»Wa-Was?« Mutsuo blickte zu der Frau im weißen Kleid hinüber.

»Gerade bei Menschen wie Ihrer Frau ist großes Bedauern im Spiel. Je stärker die Zuneigung zu einer verstorbenen Person oder einem Haustier, desto schwieriger möglicherweise der zweite Abschied … mehr noch als der erste. Den Kaffee auszutrinken mag sich leicht anhören, aber wenn sich Ihre Frau erst einmal im Strom der Gefühle verliert, bemerkt sie möglicherweise zu spät, dass der Kaffee kalt ist.«

Mutsuo war unbehaglich angesichts von Nagares Worten »Je stärker die Zuneigung zu einer verstorbenen Person«. *Und ich weiß, dass Sunao Apollo als ihr Kind ansah …*

»Besprechen Sie das Ganze erst einmal eingehend mit Ihrer Frau«, fügte Kohtake leise an, als stünden Mutsuo die Gefühle ins Gesicht geschrieben.

»Ja, natürlich. Vielen Dank. Ich bin froh, dass wir dieses Gespräch geführt haben.« Mutsuo nahm die Kaffeebohnen, nickte höflich und wollte sich auf den Weg machen.

»Bevor Sie gehen«, rief Nagare, um ihn aufzuhalten. »Ich glaube, es regnet draußen immer noch, und deshalb …« Er brachte einen Regenschirm aus dem Hinterzimmer und reichte ihn Mutsuo.

»Oh, vielen Dank.«

»Kein Problem.«

Nachdem er mehrmals zum Dank genickt hatte, verließ Mutsuo das Café.

Ding, dong.

»Das ist eine grausame Regel, finden Sie nicht auch?«, murmelte Kohtake, nachdem Mutsuo gegangen war.

»Oh?«

»Wenn die Leute Dinge noch einmal tun könnten, gäbe es kein Bedauern … Seine Frau hatte bestimmt nie mit der Möglichkeit gerechnet, dass sie schlafen könnte, während ihr geliebter Hund den letzten Atemzug tat. Ich kann mir vorstellen, wie furchtbar sie sich fühlen muss – und sich immer wieder fragt, wie sie nur hat einschlafen können.«

Kohtake wollte die Regeln des Cafés aber gar nicht verurteilen. Sie fragte sich nur, wie verzweifelt sich Mutsuos Frau fühlen musste – weil sie eingeschlafen war und während der letzten Augenblicke ihres treuen Hundes nicht für ihn da war.

»Wenn man doch nur die Gegenwart verändern könnte, nicht wahr?«

»Ja, das stimmt.«

»Warum darf man sich eigentlich nicht vom Stuhl wegbewegen? Selbst wenn man im Café bleiben muss, wäre es doch schön, wenn man sich umherbewegen könnte.«

»Das habe ich auch lange Zeit gedacht.«

»Nicht wahr? Und warum muss es ausgerechnet Kaffee sein? Warum nicht Tee?«

»Äh, Nein. Ich finde tatsächlich, Kaffee ist am besten …«

»Ja, das kann ich mir vorstellen«, kicherte Kohtake. »Wie auch immer, ich muss los. Könnte ich mir vielleicht auch einen Schirm ausborgen?«

»Ja, natürlich.«

Während Nagare einen Schirm aus dem Hinterzimmer holte, ging Kohtake zur Kasse, zählte das Geld für den Kaffee auf das Münztablett und murmelte: »Sosehr man sich auch bemüht, kann man die Gegenwart nicht verändern … Was für eine grausame Regel.«

Als Nagare zurückkehrte, nahm sie den Schirm und verabschiedete sich.

Wenige Tage später ging der Sommermonsun zu Ende. Nach den Wetterregeln kennzeichnen Gewitter sein Ende, sind aber kein eindeutiges Merkmal. Der Sommermonsun gilt als vorüber, wenn das System der ganz Japan bedeckenden Monsunwolken und die damit verbundene Regenperiode von heißen Sommertagen abgelöst werden. Aber der Sommermonsun besitzt kein eindeutiges Ende, und manchmal schleichen sich die Wolkensysteme auch wieder ein und wollen nicht verschwinden.

Auf jeden Fall wurde einige Tage nach Mutsuos Besuch im Café der Sommermonsun für beendet erklärt. Die Temperatur stieg auf mehr als dreißig Grad Celsius, und damit begann die Sommerhitze.

Unter wolkenlosem Himmel stand draußen vor dem Café eine Frau mit einem Regenschirm in der Hand. Es war Sunao Hikita, Mutsuos Frau.

Sunao stand schon eine Weile da und blickte auf das Schild am Eingang. Das ist also der Ort, von dem Mutsuo gesprochen hat: das Café, in dem man in die Vergangenheit reisen kann.

Es hatte nur einen Eingang – durch einen aus Backstein gemauerten Torbogen. Eine von mehreren Lampen beleuchtete Treppe führte hinunter ins Untergeschoss.

Ich weiß immer noch nicht, was ich hier eigentlich tue, aber was soll's …

Sunao atmete tief durch und ging langsam die Stufen hinunter. Hier war es etwas kühler als in der prallen Sonne. Da sich hier die Luft staute, traten ihr Schweißperlen auf die Stirn. Am Ende des zweiten Treppenabsatzes gelangte sie an eine große Holztüre.

Nun, wenn es stimmt, dann werde ich Apollo wiedersehen.

Sunao öffnete die Tür.

Ding, dong.

Sie trat in einen kurzen Gang. Im Gegensatz zur erdrückenden Hitze auf der Treppe war es hier drinnen kühl.

Es ist k-kalt.

In ihrer kurzärmeligen Bluse fror sie an den Armen, vermutlich weil sie geschwitzt hatte. Behutsam schob sie sich weiter. Schnell stellte sich heraus, dass der wirkliche Eingang auf halber Länge des Ganges abzweigte. An einer Tür ganz am Ende hing ein Schild mit der Aufschrift Toilette.

Sunao trat vom Gang ins Café. Der Raum war schwach erleuchtet und enger als erwartet, mit drei Zweiertischen und drei Barhockern an der Theke. Das Ganze wirkte eher wie eine gemütliche Bar.

Hinter der Theke murmelte jemand leise: »Hallo. Willkommen.« Es war Kazu Tokita.

Sunao, die während ihres Studiums in Restaurants gejobbt hatte, kam diese schon fast uninteressiert wirkende Begrüßung etwas merkwürdig vor.

Vielleicht werden Fremde hier nicht so gern gesehen?

Ihr Zweifel verflog, als sie sich umblickte und weder der Mann mittleren Alters auf dem Stuhl ganz in ihrer Nähe noch die Frau im weißen Kleid ganz hinten ihre Gegenwart auch nur zur Kenntnis nahmen.

»Macht es Ihnen etwas aus, an der Theke zu sitzen?«, fragte Kazu wieder mit leiser Stimme.

»Äh, nein. Eigentlich wollte ich nur diesen Schirm zurückbringen, den sich mein Mann geborgt hat.«

Hätte ich das bloß nicht gesagt. Es kam ihr sofort wie die falsche Antwort vor. Gelogen war es ja nicht, dass sie wegen des Schirms hier war. Aber das war eben nicht der einzige Grund.

Sie wollte in die Vergangenheit zurück und Apollo noch einmal sehen.

Das war der Grund für ihr Kommen. Im Grunde ihres Herzens glaubte sie aber nicht an eine Rückkehr in die Vergangenheit. Die Vorstellung, dass so etwas möglich sei, kam ihr absurd vor. Deshalb fiel es ihr schwer, das zu erwähnen, und sie war mit dem Schirm herausgeplatzt.

»Ah … okay«, antwortete Kazu und kam hinter der Theke vor.

»Sie sind nur deswegen gekommen? Vielen Dank.« Kazu nickte höflich, nahm den Schirm und ging damit zum Hinterzimmer.

»Kein Problem.«

Damit war der Botengang erledigt. Aber Sunao konnte sich nicht vom Fleck rühren. Der wahre Grund für ihr Kommen war ein anderer.

Was soll ich jetzt tun? Ich habe gesagt, ich sei nur wegen des Schirms gekommen. Vielleicht gehe ich lieber und komme ein andermal wieder …

Kazu kam zurück. Sie ging hinter die Theke und fing wieder an, Löffel und Gabeln in Papierservietten zu wickeln.

Die Bedienung tut, als würde sie mich nicht beachten, aber bestimmt fragt sie sich, warum ich nicht wieder gehe … Was soll ich tun? Soll ich ihr einfach erzählen, dass ich in der Zeit zurückreisen möchte? Aber wenn sie mir dann sagt, sie hätte keine Ahnung, was ich damit meine? … Wenn ich mir vorstelle, dass sie das sagt – das wäre so peinlich, dass ich nicht noch einmal wiederkommen könnte … Hätte ich die Zeitschrift, die mir Mutsuo gegeben hat, nur sorgfältiger gelesen … Außerdem bin ich hier, ohne ihm davon erzählt zu haben! Oh, was soll ich nur tun?

Der bei ihr zuvor so heftig ausgebrochene Schweiß war wieder völlig verdunstet, und ihr war noch kälter als zuvor. Sie sah auf und blickte in die Augen von Kazu, die offenbar ihre Arbeit unterbrochen hatte.

»Gibt es noch etwas?«, fragte sie.

»Hm?« Sunao gab sich lässig, war innerlich aber erleichtert. Ihr wäre alles recht gewesen, das eine Unterhaltung in Gang bringt.

»Also, eigentlich, wenn das keine Umstände macht, hätte ich gern ein Glas Wasser, bitte?«

»Ein Glas Wasser?«

»Ja, draußen ist es ein bisschen heiß heute. Und ich bin ziemlich durstig …«

»Ja, natürlich.«

Kazu schenkte ein Glas Wasser ein und stellte es auf die Theke.

»Bitte sehr.«

»Danke.«

Sunao schob sich an die Theke und ergriff das Glas. Es war kein Eis darin, aber das Wasser war gut gekühlt. Sie nahm ganz schwach Zitronenduft wahr. Sehr erfrischend.

Eigentlich hatte sie gar keinen Durst gehabt, trank jetzt aber doch das ganze Glas leer.

»Danke. Ich muss dann los«, sagte plötzlich der Mann am Tisch gleich neben dem Eingang und stand auf. Die

Zeitschrift, die vorher auf dem Tisch ausgebreitet gelegen hatte, steckte nun unter seinem Arm, und er kam zur Kasse und wies den Zettel mit seiner Bestellung vor. »Was macht das?«

»Dreihundertachtzig Yen«, sagte Kazu, nahm den Zettel und tippte.

»Okay, bitte schön«, sagte der Mann, zog eine Fünfhundert-Yen-Münze aus einem Geldbeutel, der ihm um den Hals hing.

»Fünfhundert Yen erhalten.«

Während Kazu die Tasten drückte, starrte der Mann die Frau im weißen Kleid eindringlich an.

»Und Sie bekommen hundertzwanzig Yen heraus.«

Der Mann nahm das Wechselgeld von Kazu entgegen, verstaute es in seinem Geldbeutel und ging ohne eine weitere Bemerkung hinaus.

Ding, dong.

Damit waren nur noch Sunao, Kazu und die Frau im weißen Kleid im Raum. Für Kazu musste Sunao ein rätselhafter Gast sein. Zuerst hatte sie behauptet, nur einen Schirm zurückgeben zu wollen, war dann aber nicht gegangen und hatte nur ein Glas Wasser getrunken. Eigentlich war sie gar kein Gast, denn sie hatte ja nicht einmal etwas bestellt.

Aber Kazu sagte nichts. Und wie es schien, würde sie weiter ungerührt ihre Arbeit verrichten, selbst wenn Sunao noch Stunden einfach so dabliebe. Kazu war offensichtlich kein bisschen neugierig.

»Wenn ich's mir recht überlege, könnte ich bitte einen Orangensaft haben?«

»Gerne«, antwortete Kazu, ohne ihre Miene im Geringsten zu verändern. Das bestätigte Sunao darin, dass Kazu zu höflich war, um die vorige Behauptung, nur wegen des Regenschirms da zu sein, zu erwähnen.

Im Nu hatte sie einen Bestellzettel fertig und verschwand in der Küche. Während Sunao ihr hinterhersah, fasste sie einen Entschluss.

Ich werde ihr die Wahrheit sagen.

Dreizehn Jahre zuvor.

»Ich habe einen kleinen Hund gekauft«, sagte Mutsuo selig, während er zu dem Welpen in der Transportbox hineinsah. Er hatte mit mir nicht einmal drüber gesprochen.

»Du hast mich ja gar nicht gefragt«, antwortete ich entrüstet, worauf er ungerührt antwortete: »Nein, habe ich nicht.«

»Wir können in unserer Wohnung doch keinen Hund halten.«

»Die Wohnung meines Vaters steht leer. Wir können doch dorthin ziehen.«

Es handelte sich um eine Eigentumswohnung in Jimbocho. Mutsuo und sein Vater hatten dort bis zu unserer Heirat zusammen gewohnt. Aber sein Vater war inzwischen überraschend an einem Herzinfarkt gestorben. Mutsuos Mutter hatte sich von ihm scheiden lassen und die beiden verlassen, als Mutsuo noch klein war, und er hatte keine Geschwister. Die Eigentumswohnung war abbezahlt, und daher sprach nichts gegen einen Umzug.

»Willst du ihn wirklich behalten?«

»Magst du keine Hunde?«

»Das ist nicht der Grund«, erwiderte ich, aber in Wahrheit war es tatsächlich so. Nun ja, nicht Hunde per se; es waren eher allgemeine Bedenken gegen Haustiere. Sie waren einfach eine Belastung.

»Weißt du, was es bedeutet, einen Hund zu halten? Man muss jeden Tag mit ihm spazieren gehen, ihn füttern, dafür sorgen, dass er gesund bleibt … Und dir ist klar, dass sie nicht besonders lange leben, oder?«

»Ich bin mir sicher, wir werden das schaffen«, antwortete Mutsuo und hob das kleine Tier aus der Transportbox. Es war ein männlicher Golden Retriever.

So trat Apollo in mein Leben. Als wir dann anfingen, für Apollo zu sorgen, machte ich eine überraschende Entdeckung. Nämlich, dass Hunde ebenfalls Gefühle haben.

Man darf das nicht missverstehen, ich hatte nicht gedacht, sie wären völlig emotionslos. Aber während ich ihn aufzog, wurde mir klar, dass er Gefühle zeigte, die sich von unseren nicht unterschieden. Er konnte nicht nur allgemein glücklich sein, verärgert, traurig oder aufgeregt, er war auch niedergeschlagen, wenn man ihn schimpfte, und zufrieden, wenn man ihn lobte.

Am überraschendsten war das, wenn ich bei einem traurigen Film weinen musste. Dann kam Apollo heran und blickte mir ins Gesicht. Ich dachte, das ist doch nicht möglich, aber ich wusste, dass er mir mit den Augen sagte: *Warum weinst du? Geht es dir nicht gut? Ich bin hier, das weißt du doch.*

Ich wusste, was er sagte, ohne dass er die Worte aussprechen musste. Er leckte mir sogar zärtlich die Tränen von der Wange, als verstünde er, was sie bedeuteten. Da hatte ich zum ersten Mal überhaupt das Gefühl, dass mich jemand *verstand.* Diese wortlose Kommunikation machte mir klar, dass Augen ebenso viel ausdrücken konnten wie Münder.

Apollo litt sehr unter Einsamkeit und hasste es, wenn man ihn allein in einem Zimmer zurückließ. Fühlte er sich besonders einsam, dann flehte er gewissermaßen, *Verlass mich nicht!,* wenn ich nur schnell den Müll nach draußen bringen wollte. Mir ging es sehr zu Herzen, wenn Apollo so war. Er kam mir dann vor wie ein unschuldiges Baby.

Er brauchte meine Gegenwart, körperlich und seelisch, und da Mutsuo und ich kein Kind hatten, begann ich, ihn von ganzem Herzen zu lieben. Dabei kam es mir vor, als würde mich Apollo Mama nennen. Und irgendwann bezeichnete ich mich selbst als Mama und Mutsuo als Papa.

Nach einem Gespräch mit Mutsuo nahm ich eine andere Arbeit an, die ich von zu Hause erledigen konnte. Dank der Wohnung seines Vaters konnten wir, wenn wir sparsam waren, sogar von Mutsuos Einkommen leben. Von nun an drehte sich mein Leben um Apollo. Und mit der Zeit verstand er auch Dinge jenseits der Worte, die wir aussprachen. Beispielsweise das Wort Nein.

Man sagt zu einem Haustier »Nein«, damit es mit dem aufhört, was es gerade tut. Aber wenn wir »Nein« sagten, konnte Apollo unterscheiden, ob wir es nun ernst meinten oder scherzten. Ich würde sogar behaupten, dass er unsere Gemütsverfassung und unsere Emotionen lesen konnte.

Wenn wir zum Beispiel sagten: »Apollo, nein! Hör auf«, und ich es, besonders wenn ich schlechte Laune hatte, ernst meinte, dann hörte er sofort auf. Wenn ich aber Spaß hatte, lachte und Apollo einfach zusah bei dem, was er tat, dann machte er einfach weiter.

»Apollo, wer hat unrecht, Mama oder Papa?«

Papa.

»Wir sollten dich mal baden, oder?«

Diese blöden Seifenblasen können mir gestohlen bleiben.

»Lass mich nur noch fünf Minuten schlafen.«

Nein. Wach auf. Steh auf und geh mit mir Gassi.

»Auf, wir drehen eine Runde.«

Hurra!

»Gute Nacht.«

Okay, gute Nacht.

Als Apollo zehn Jahre bei uns lebte, da rollte er sich sofort zusammen und schlief ein, wenn ich ihm »Gute Nacht« sagte. Allmählich merkte man ihm sein Alter an, und er wurde schneller müde. Zehn Jahre für uns sind für Hunde etwa siebzig. Und etwa ab dieser Zeit behandelte mich Apollo ganz offensichtlich wie eine Tochter. Aus heiterem Himmel war nicht mehr ich es, die sich um Apollo kümmerte; er kümmerte sich um mich.

Ich war sehr dankbar, dass es Apollo gab. Ich glaube, das lag daran, dass wir in der ganzen Zeit unserer Ehe kein Kind bekommen hatten. Wir hatten es sogar mit einer Fertilitätsbehandlung versucht.

Im Grunde konnten wir ja immer noch jederzeit ein Baby bekommen. Es ist nicht so, dass wir jemals die Hoffnung aufgegeben hätten. Ich frage mich allerdings: Wäre Apollo nicht in mein Leben getreten, wie viel mehr Kummer hätte es mir gemacht, kein Kind zu haben?

Vielleicht wäre es zwischen mir und Mutsuo, dem Kinder viel bedeuteten, ja zu Spannungen gekommen. Apollo hatte für unsere Ehe auf jeden Fall eine bindende Wirkung.

Kazu kam aus der Küche zurück und blieb vor Sunao stehen.

»Bitte sehr.«

»Ähm …«, murmelte Sunao, während Kazu den Orangensaft auf der Theke abstellte. Wenn Sunao etwas sagen wollte, dann war jetzt die einzige Gelegenheit dazu. Sagte sie nur »Danke«, dann wäre die Unterhaltung wohl vorüber, bevor sie noch etwas anderes ansprechen konnte.

»Ja?«, antwortete Kazu leise, aber mit großer Deutlichkeit. Ihre Pupillen schienen Sunao förmlich einzusaugen. Und während Sunao hineinstarrte, hatte sie das merkwürdige Gefühl, dass sie wirklich alles sagen konnte.

»Also … es ist so … mein Mann sagte … wenn ich in dieses Café komme, dann könnte ich in die Vergangenheit reisen«, sagte Sunao so leise und stockend, als murmele sie vor sich hin.

Kazu hörte schweigend zu, ohne sie zu unterbrechen.

»Ich möchte in die Vergangenheit zurück. Deshalb bin ich gekommen.«

Dann erzählte Sunao von Apollo, und wie sehr sie bedauerte, während seiner letzten Augenblicke eingeschlafen zu sein. Sie schilderte, wie ihr Mann empfohlen habe, in die Vergangenheit zu reisen, und dass er ihr die Regeln erklärt habe.

»Ich bin aber im Zwiespalt. Mein Mann sagte, ich könne zwar in die Vergangenheit reisen, aber das Café nicht verlassen. Ist das richtig?«

»Ja. Das ist richtig. Genau genommen sitzen Sie dabei

auf dem Stuhl, der Sie in die Vergangenheit bringt, und Sie dürfen sich von diesem Stuhl nicht wegbewegen. Auch nicht aufstehen. Selbst Schweben über dem Stuhl ist nicht gestattet«, bemerkte Kazu beiläufig.

»Das bedeutet also, ich kann zwar in die Vergangenheit zurückkehren, mich aber nicht während Apollos letzten Augenblicken um ihn kümmern.«

»Das stimmt. Das ist nicht möglich«, antwortete Kazu ohne jeden Versuch, die Botschaft etwas abzumildern. Sie sagte es so, wie es war.

Auf dieselbe Frage hatte Mutsuo wegen ihrer möglichen Bestürzung verschleiernd geantwortet: »Das ist möglicherweise der Fall. Aber vielleicht gibt es da etwas, das mir nicht bewusst ist. Wer weiß, vielleicht gibt es ja eine besondere Regel.«

Mutsuo hatte nicht versucht, etwas vor ihr zu verbergen, das war ihr klar. Er war nur nicht in der Lage gewesen, offen zu antworten: »Nein. Das kannst du nicht«, wie es Kazu getan hatte. Er hatte bedenken müssen, wie sich ihre Reaktion auf ihrer beider Beziehung als lange verheiratetes Paar auswirken würde. Und was das für seinen Rat bedeutete, in die Vergangenheit zurückzureisen.

Die Erwähnung einer besonderen Regel durch Mutsuo war möglicherweise eine glatte Lüge gewesen. Aber nicht aus böser Absicht. Dabei hatte ihn einfach das menschliche Bedürfnis angetrieben, Sunao das bisschen Hoffnung zu erhalten, das ihr geblieben war.

Die Lüge war für die Beziehung zwischen ihnen beiden nötig gewesen. Zahllose Male schon hatte Mutsuo sie durch diese Art von Rücksichtnahme gerettet, und da es Mutsuos Worte waren, fand sie das auch statthaft. Rücksichtnahme war ein wichtiger Teil ihrer Beziehung. Zu

Kazu indessen hatte Sunao keine derartige Beziehung. Sie wollte auch gar nicht, dass sich Kazu solche Gedanken machte.

Sunao war ja mit dem klaren Ziel ins Café gekommen, die Tatsachen zu erfahren. Hätte Kazu in derselben Weise geantwortet wie Mutsuo, dann hätte das Sunaos Gefühle nur vernebelt.

»Oh, okay. Das ist eigentlich alles, was ich wissen wollte.«

Sunao zog ihr Handy aus der Handtasche und öffnete ein Foto von Apollo. Darauf wurde er von Sunao und Mutsuo umarmt und schien zu lächeln.

»Sein ganzes Leben lang hat Apollo alles für mich und meinen Ehemann gegeben. Wir verdanken ihm so viel Glück. Ich reise also nicht in die Vergangenheit, um sein Leben zu verlängern. Seit wir Apollo bei uns aufnahmen, wusste ich, dass sein Leben kurz sein würde und wir irgendwann Abschied nehmen müssten.«

Sunao lief eine Träne über die Wange.

»Allerdings bedaure ich sehr, dass ich Apollo in seinen letzten Augenblicken nicht zur Seite stehen könnte. Ich konnte mich nicht richtig von ihm verabschieden …«

Das Eis in ihrem Orangensaft klimperte.

Die drei großen Standuhren tickten, und die Zeit verstrich im Café, während im Hintergrund nicht einmal Musik lief.

Sunao konnte die nächsten Worte nicht aussprechen.

Kazu starrte unverwandt auf den Orangensaft.

Klapp.

Sunao hörte, wie hinter ihr ein Buch zugeschlagen wurde. Sie drehte sich um und sah, wie sich die Frau im weißen Kleid lautlos erhob.

Ach, richtig, ich war ja gar nicht der einzige Gast hier.

Sunao wischte sich die Tränen ab, beugte sich vor und griff nach dem Orangensaft.

Ich glaube, ich trinke einfach schnell aus und gehe dann. Irgendwie wusste ich es schon, aber jetzt bin ich mir sicher, dass ich nicht in die Vergangenheit zurückkehren und in Apollos letzten Augenblicken bei ihm sein kann. Ich sollte das Ganze einfach vergessen.

Die Frau im weißen Kleid ging schweigend hinter Sunao vorbei und verschwand in Richtung Toilette.

Eigentlich kann ich jetzt gehen.

Sunao ließ ein Drittel des Orangensafts im Glas und wollte von ihrem Barhocker aufstehen.

Währenddessen rief Kazu, die eben am Platz der Frau im weißen Kleid die Kaffeetasse abräumte, ihr zu: »Der Stuhl ist frei. Wollen Sie sich setzen?«

»Was?«

Für einen Moment wusste Sunao nicht, was Kazu meinte. Verwirrt hielt sie mitten im Aufstehen vom Barhocker, mit nur einem Fuß auf dem Boden, inne.

»Wenn Sie in die Vergangenheit reisen wollen, müssen Sie auf diesem Stuhl sitzen.«

»Oh, ich glaube, ich möchte nicht in die Vergangenheit reisen …«

»Das ist in Ordnung. Es liegt ganz bei Ihnen.«

Mehr sagte Kazu nicht, und als sie den Tisch mit einem Tuch abgewischt hatte, verschwand sie in der Küche.

Kazu hatte sie tatsächlich nicht dazu aufgefordert, sich dort hinzusetzen. Sie hatte einfach gefragt: »Wollen Sie sich hinsetzen?«

Ja, das stimmt …

Sunao erinnerte sich an das, was Mutsuo ihr über die Regeln erzählt hatte.

»Ein Geist?«

»Ja. In dieser Zeitschrift steht, dass immer ein Geist auf dem Stuhl sitzt, der einen in die Vergangenheit zurückbringt.«

»Du nimmst mich auf den Arm, oder?«

»Nein. Auf jeden Fall steht es in diesem Artikel. Offenbar kann man sich nur dann auf diesen Stuhl setzen, der einen in die Vergangenheit bringt, wenn der Geist zur Toilette gegangen ist.«

»Oh, okay. Aber warum sollte ich das tun? Nach allem, was du mir erzählt hast, kann ich mich dort nicht bewegen, und warum sollte ich dann zurückgehen?«

»Du könntest Apollo noch einmal sehen.«

»Das schon, ja, aber …«

»Ich finde, du solltest es tun.«

»Warum denkst du das?«

»Wenn du es nicht tust, wirst du es möglicherweise immer bedauern. Und Apollo würde das bestimmt nicht wollen. Du solltest Apollo treffen und ihm alles erzählen, was du jetzt gerade fühlst.«

»Wäre das nicht einfach nur uns zuliebe?«

»Ich glaube, Apollo würde das gerne alles wissen. Ich glaube, er würde wollen, dass du hingehst.«

»Das ist nur eine Annahme.«

»Vielleicht schon, aber trotzdem …«

Sunao stand vom Barhocker auf und stand nun vor dem Stuhl, auf dem die Frau im weißen Kleid gesessen hatte.

Immerhin war ich in seinen letzten Augenblicken nicht dabei.

Man kommt im Leben immer wieder an einen Scheideweg. Bedauern entsteht dadurch, dass in irgendeinem Moment etwas geschieht, das wir niemals erwartet hätten.

Wenn unser Handeln ein unerwartetes Ergebnis hervorbringt, dann verspüren wir zwangsläufig großes Bedauern, denn bekommen wir jemals eine zweite Chance?

Ich schlief ein. Ich wollte ganz am Ende bei ihm sein, weil er es nie ertrug, alleine zu sein; es machte ihn immer schrecklich traurig, alleine in einem Zimmer zurückgelassen zu werden.

Ich ließ Apollo alleine sterben. Ich schlief ein, und deshalb fühlte er sich schrecklich einsam und traurig, während er seinen letzten Atemzug in dem Wissen tat, dass ich eingeschlafen war.

Ich bin so sehr von Reue geplagt, dass ich diesen Gedanken nicht aus dem Kopf bekomme. Ich glaube, wenn ich wirklich in die Vergangenheit zurückkehrte, könnte ich mich bestenfalls bei Apollo entschuldigen.

Aber ich darf nicht um Vergebung bitten. Ich glaube, ich habe nicht einmal das Recht, Lebewohl zu sagen. Aber trotzdem …

Sunao zerriss es das Herz in der Brust, und ihr Schluchzen wurde heftiger.

Trotzdem möchte ich Apollo wiedersehen. Ich möchte sein Gesicht sehen. Das ist egoistisch von mir. Das weiß ich. Trotzdem möchte ich Apollo noch einmal sehen.

»Werden Sie sich hinsetzen?«, fragte Kazu hinter ihr.

Sunao wandte sich mit geröteten Augen zu Kazu um. »Ja. Bitte lassen Sie mich zurückkehren in eine Zeit, als Apollo noch am Leben war.«

»Sehr gern.«

Wieder fragte Kazu nicht, warum Sunao in die Vergangenheit zurückreisen wollte. Als sich Sunao auf den Stuhl setzte, kehrte Kazu mit einem Tablett, auf dem ein silberner Kessel und eine weiße Tasse standen, aus der Küche zurück.

»Sie kennen die Regeln, richtig?«

»Ja. Aber … bei dem Zeitlimit bin ich mir nicht sicher. Wie lange genau darf ich bleiben?«

»Folgendes müssen Sie wissen …« Kazu erklärte die Regeln, während sie die leere Kaffeetasse samt Untersetzer vor Sunao hinstellte.

»Ich werde Ihnen jetzt Ihren Kaffee eingießen. Ihre Reise in die Vergangenheit dauert vom Einschenken bis der Kaffee kalt ist.«

»Bis der Kaffee kalt ist?«

»Ja.«

Sunao ließ sich das durch den Kopf gehen, während sie auf die leere Tasse starrte. Sie wusste nicht, wie lange es dauerte, bis eine Tasse Kaffee kalt war. *Zehn Minuten? Fünfzehn Minuten? Nein, wahrscheinlich nicht mal so lange.*

Sunao war das Unbehagen über die unspezifische Zeitspanne anzusehen. Das blieb auch Kazu nicht verborgen.

»Ich gebe Ihnen auch noch dies hier …«, sagte sie, nahm etwas vom Tablett, das wie ein kleiner Rührstab aussah, und stellte es in die Kaffeetasse.

»Was ist das?«

»Wenn das im Kaffee steckt, gibt es Alarm, kurz bevor der Kaffee kalt ist. Wenn Sie diesen Alarm hören, dann trinken Sie bitte schnell den ganzen Kaffee aus.«

»Dann muss ich also nur trinken, wenn der Alarm ertönt?«

»Ja.«

»Okay, verstanden.« Sunao schloss für einen Moment die Augen.

Sie bemerkte, dass sie flacher atmete und ihr Puls sich beschleunigte.

»Sind Sie bereit?«

»Ähm, nur noch eine Frage.«

»Ja, natürlich.«

»Es stimmt wirklich, dass ich nichts tun kann, um die Gegenwart zu verändern, richtig?«

»Ja. Nichts wird sich verändern«, kam prompt die Antwort.

Es war genau, was Sunao erwartet hatte.

Würde sie beispielsweise Mutsuo bitten, zum betreffenden Zeitpunkt bei ihr zu bleiben, um zu verhindern, dass sie einschlief, dann könnte Mutsuo trotzdem nicht entsprechend handeln, um die gegenwärtige Tatsache zu verändern, dass Sunao eingeschlafen war.

Eigentlich wusste sie das, sie wollte es aber noch einmal bestätigt haben.

»Ich verstehe. Gießen Sie bitte den Kaffee ein.«

»Okay, dann wollen wir mal.«

Kazu hob den silbernen Kessel an und sagte leise: »Bevor der Kaffee kalt ist.« Mit einer sparsamen und eleganten Bewegung kippte sie den Kessel in Richtung der Tasse. Lautlos floss Kaffee aus dem schmalen Ausguss. Er sah aus wie eine einzelne schwarze Linie. Bald war die Tasse mit Kaffee gefüllt.

Sunao spürte, wie ihr Körper begann, Wellen zu schlagen und sich wie Dampfschwaden zu kräuseln, aber seltsamerweise hatte sie keine Angst.

Ich möchte Apollo sehen.

Sunaos Herz war nur von diesem einfachen Gedanken erfüllt. Und dann fühlte sie sich unversehens leichter, und ihr ganzer Körper wurde eingehüllt in ein Gefühl, vom Himmel aufgesaugt zu werden. Was sie um sich herum sah, schien von oben herabzuströmen und nach unten zurückzuweichen. Ihr Blick auf das Café war wie ein Video, das rückwärts ablief.

Mein Mann und ich können keine Kinder bekommen. Im siebten Ehejahr erfuhr ich nach einer Untersuchung im Krankenhaus, dass es mit meinem Körper schwierig ist, Kinder zu empfangen. Damals war Apollo fünf Jahre alt.

Mutsuo wünschte sich Kinder, aber da wir Apollo hatten, war er nicht in Eile, und deshalb versuchten wir es weiter in aller Ruhe. Kurz darauf passierte es. Apollo war bei einem Regenspaziergang so schmutzig geworden, dass ich ihn badete.

»Auf, Apollo, rein mit dir«, sagte Mutsuo. »Ins Bad, Apollo! Du hörst doch, was Mama sagt.«

»Hä?«

»Was ist los? Warum schaust du so überrascht?«

»Hast du eben gerade Mama gesagt?

»Ja, habe ich. Was ist los? Gefällt es dir nicht?«

»Nein, es liegt nicht daran, dass es mir nicht gefällt.«

»Großartig! Ich dachte, jetzt versuch ich's einfach mal. Ich hatte aber schon ein bisschen Angst, wie du wohl reagierst.«

»Hattest du das schon immer vor?«

»Nicht immer, aber jetzt warte ich schon eine ganze Weile darauf, es einmal zu sagen.«

»Und du, bist du dann Papa?«

»Also … ja, ich denke schon.«

Verlegen kratzte sich Mutsuo am Kopf.

»Wie auch immer, danke.«

»M-hm.«

»Wirklich, vielen Dank.«

Ich war nach den Testergebnissen vom Krankenhaus wirklich niedergeschlagen gewesen.

Es ist meine Schuld, dass wir keine Kinder bekommen können.

Ich hatte immer gewusst, wie viel Mutsuo Kinder bedeuten. Für ihn muss es ein Schock gewesen sein, dass wir wahrscheinlich nie eigene Kinder haben werden.

Für ihn ist es wirklich Pech, dass er mich geheiratet hat …

Mutsuo hatte mich vor diesen Gedanken gerettet. In diesem Augenblick fühlte es sich an, als wären Mutsuo und ich zusammen mit Apollo zu einer richtigen Familie geworden. Trotzdem hatte ich Apollo alleine sterben lassen.

Es tut mir leid, Apollo. Ich fürchte, du kannst das deiner Mama nicht verzeihen – wie solltest du?

»Wuff!«

Ich erwachte in dem sehnsüchtigen Gefühl, ich hätte Apollo bellen gehört.

Als ich die Augen öffnete, sah ich, dass hinter der Bar nicht die Bedienung stand, die mir eben den Kaffee eingegossen hatte, sondern ein großer Mann mit einer Kochschürze, der wie ein Dämon aussah, der einen Tempel bewachte. Ich hatte Apollo gehört, aber er war nirgends zu sehen.

»Wuff. Wuff. Wuff!«

»Apollo! Nein. Pssst.«

Ich konnte Apollo und Mutsuo draußen hören. Der wie

ein Koch gekleidete Mann kam hinter der Theke hervor, nickte mir höflich zu und ging dann mit schweren Schritten zum Eingang hinüber.

»Apollo. Böser Hund. Sitz! Still jetzt.«

»Oh, das macht nichts.«

»Das tut mir wirklich leid.«

»*Wuff. Wuff.*«

»Das ist wirklich seltsam, so bellt er normalerweise nie.«

»*Wuff.*«

Mutsuo und Apollo waren immer noch nicht zu sehen. An seinem Gebell konnte ich aber hören, dass es etwa ein Jahr zuvor sein musste. Seine Gelenke wurden da schon langsam schwächer, aber er konnte immer noch Spaziergänge machen. Mutsuo hatte mir erzählt, dass er beim Gassigehen manchmal in diesem Café vorbeischaute, um Kaffeebohnen zu kaufen.

»Apollo …« Ich dachte, ich hätte laut gerufen, aber meine Stimme war leise und schwach, als würde ich mit mir selbst reden.

»*Wuff.*«

Trotzdem bellte Apollo draußen, als hätte er meinen Ruf gehört.

»Apollo!«

In mir kam Freude auf, sodass ich diesmal lauter rief.

»Wer ist denn das? Ist das Mama?«, hörte ich Mutsuo sagen.

»*Wuff. Wuff. Wuff!*«

Von einem bellenden Apollo hereingezerrt, tauchte Mutsuo an der Eingangstüre auf.

»Apollo. Warte. Nein!« Mutsuo hielt Apollo davon ab, zu mir herüberzulaufen. Apollo war zwölf Jahre alt. Er sprang zwar vor Erregung nicht mehr wie wild herum, aber wedelte immer noch heftig mit dem Schwanz, während er Mutsuo hinter sich herschleppte.

»Oh, machen Sie sich keine Sorgen. Die Dame dort drüben ist im Augenblick unser einziger Gast«, hörte ich den Mann mit der Kochschürze hinter Mutsuo sagen, während er mir einen neugierigen Blick zuwarf.

Sie sind wohl aus der Zukunft gekommen, um jemanden zu treffen, nicht wahr?

Ich nickte.

»Oh, das tut mir wirklich leid.«

Mutsuo beugte den Kopf, während er von Apollo weitergezogen wurde. Die beiden kamen direkt auf mich zu.

»*Wuff.*«

Als Apollo bei mir angekommen war, setzte er sich, hechelte und schob den Kopf nach vorn. Er tat das, wenn er gestreichelt werden wollte.

Mit zitternder Hand strich ich ihm sanft über den Kopf. Dabei spürte ich seine Wärme.

Es war nicht der kalte Apollo, der seinen letzten Atemzug getan hatte. Er war am Leben. Ich hätte nie gedacht, dass ich seine Wärme noch einmal spüren würde. Apollo schien mit meinem Streicheln zufrieden und legte sich vor meine Füße.

Er schien erschöpft davon zu sein, dass er Mutsuo herumgezerrt hatte. Mutsuo hatte mittlerweile auf dem Stuhl mir gegenüber Platz genommen.

»Was ist los? Warum bist du hier?« Mutsuo musterte mich eindringlich.

»Du musst überrascht sein.«

»Natürlich bin ich das. Du sagtest, du könntest nicht mitkommen, weil du deine Eltern besuchst.«

»Ach, dieses Ich?«

»Was?«

»Äh … ach, egal … Was sagtest du?«

»Ich kapiere das nicht. Aber was auch immer. Äh … hältst du mal bitte?«

Mutsuo reichte mir Apollos Leine, stand auf und ging zu dem Mann mit der Schürze hinüber. Nachdem sie einen Blick gewechselt hatten, ließ Mutsuo den Kopf sinken, als mache er sich Vorwürfe.

»Also, was ist passiert?«, fragte Mutsuo, als er wieder an seinen Platz zurückgekehrt war und auf Apollo herunterblickte.

»Was meinst du?«

»Weshalb bist du zurückgekommen?«

»Hä?«

»Ach, komm schon, ich weiß, dass du aus der Zukunft gekommen bist.«

Mutsuo stahl mir hier meine Zeit mit Apollo. Natürlich war seine Frage wichtig, aber ich hielt diese Unterhaltung für sinnlos.

»Äh … nun ja.«

Aber so war Mutsuo; er tat, als wäre er verwirrt, und dadurch kam das Gespräch viel leichter in Gang. Wie oft hat er mir auf diese Weise geholfen!

Und so half er auch in diesem Augenblick. Ich war mir nicht sicher, ob ich mit ihm darüber sprechen sollte, dass ich aus der Zukunft kam. Vielleicht hatte er auch schon begriffen, weshalb ich gekommen war. Deshalb brauchte ich nur zu sagen: »Apollo …«

Mehr war nicht nötig; Mutsuo begriff sofort. »Oh, ich verstehe«, sagte er traurig und blickte auf Apollo.

Zu dieser Zeit war es bei uns ein Tabu, über Apollos Alter zu sprechen und die Jahre, die ihm vielleicht noch bleiben würden.

Schon beim bloßen Gedanken daran flossen Tränen.

»Musste er leiden am Ende?«

Als er das fragte, presste es mir das Herz zusammen, als müsse es platzen. Wie sollte ich, die ich eingeschlafen war, diese Frage beantworten. Mir kamen die Tränen. Ich fühlte mich ertappt und schämte mich. Und ich empfand großes Bedauern. Mir war, als hätte ich Mutsuo ebenfalls im Stich gelassen.

»Also, es ist so … Ich habe es nicht geschafft, in seinen letzten Augenblicken für ihn da zu sein.«

Was immer geschieht, und sosehr ich auch bereue – die Vergangenheit ist unwandelbar.

»Mutsuo, du warst bei der Arbeit und an diesem Tag nicht da. Nur ich war da. Ich gab Apollo mit einer Spritze Wasser und aß selbst nur ein klein wenig.«

Meine Stimme bebte. Zum ersten Mal überhaupt schilderte ich im Einzelnen, was an diesem Tag passiert war. Mutsuo in der Zukunft hatte ich nur gesagt: »Er starb, während ich schlief.«

Mutsuo hatte viel auf mich eingeredet, um mich zu trösten, aber ich kann mich nur an wenig erinnern.

»Ich hatte einen großen Schlafplatz eingerichtet, damit ich immer an Apollos Seite bleiben konnte.«

»Ich verstehe.«

»Wir richteten es so ein, dass immer einer von uns wach war.«

»Okay.«

Mutsuo hörte schweigend zu und gab nur die nötigsten Antworten.

»Doch an diesem Tag nahm Apollo zum ersten Mal wieder freiwillig Wasser zu sich. Er öffnete die Augen und lächelte mich an, ebenfalls zum ersten Mal nach einer gefühlten Ewigkeit. Ich legte mich mit ihm hin, um ihn zu umarmen, und ich war glücklich darüber, seinen warmen Körper und seinen Atem zu spüren.«

»Erzähl weiter.«

»Er ist immer noch am Leben; er ist immer noch okay. Und während ich so dalag und das dachte, wollte ich aufstehen, aber stattdessen fing ich an zu träumen. Zwei volle Stunden waren vergangen, als mir klar wurde, während ich direkt neben ihm lag ...«

Unwillkürlich presste ich die Augen zu.

Ich konnte es nicht in Worte fassen.

Mir liefen Tränen über die Wangen und tropften von meinem Kinn.

»Es tut mir leid, Mutsuo. Obwohl du nichts getan hast, habe ich es an dir ausgelassen.«

»A-ha-ha! Du meinst mich in der Zukunft?«

»Oh, ja, wahrscheinlich.«

»Du scheinst schwer darunter gelitten zu haben.«

»Oh ja.«

»Aber jetzt musst du loslassen. Du hast nichts falsch gemacht, Sunao. Apollo war offensichtlich glücklich. Überleg mal. Du hast ihn bis zum Schluss im Arm gehalten. Ist es nicht so? Apollo?«

»Wuff.«

»Siehst du, Apollo ist auch meiner Meinung.«

Meine Tränen hörten nicht auf. Wieder hatten mich Mutsuos Worte gerettet. Apollo rieb seinen Kopf an mir. Er tat das, wenn er gelobt werden wollte oder wenn er glücklich war. Ich umarmte ihn von ganzem Herzen.

Ich küsste ihn, streichelte ihn am ganzen Körper und reckte meine Hand im Sitzen, so weit ich konnte. Und dann hörte ich es.

Piep, piep, piep, piep, piep …

Es ertönte ein Alarm.

Das hatte ich völlig vergessen. Ich musste den Kaffee austrinken, bevor er kalt war. Selbst Mutsuo, der von diesem Alarm nichts wusste, begriff, worum es ging.

»Ist die Zeit um?«

»Ja.«

»Dann trink aus.«

»Okay.«

Mutsuo sagte, was ich tun sollte, und ich trank den Kaffee aus. Die Vergangenheit war unverändert; ich war immer noch eingeschlafen. Trotzdem war ich froh, dass ich zurückgekommen war. Ich hatte Mutsuo in der Vergangenheit getroffen und Apollo noch einmal gesehen.

Während ich das dachte, bauschte sich mein Körper wieder so wie beim Herkommen. Meine Hände tätschelten immer noch Apollos Kopf.

»Wusstest du das eigentlich?«, fragte Mutsuo plötzlich und legte seine Hand auf meine, während ich Apollos Kopf tätschelte.

»Was denn?«

»Apollo wartet mit dem Einschlafen immer, bis du zu Bett gegangen bist.«

»Was?«

Für einen Moment begriff ich nicht, was Mutsuo da sagte.

»Warte mal, wie meinst du das?«

»Aber wie solltest du das auch wissen? Du schläfst ja immer schon.«

»Ich habe immer gewartet, bis Apollo eingeschlafen war. Dann bin ich schlafen gegangen. Wenn ich sagte: ›Gute Nacht‹, dann ging Apollo immer gleich in sein Bett, und dann atmete er, als würde er schlafen. Und wenn ich sah, dass Apollo schlief, ging ich zu Bett. So machten wir das jeden Tag.«

»Aber da irrst du dich.«

»Wieso irre ich mich?«

»Wenn du zu Bett gegangen bist, steht Apollo immer auf und sieht nach, ob du schläfst, bevor er selbst schlafen geht.«

»Wirklich?«

»Erst wenn du schläfst, legt sich Apollo selbst in sein Bett.«

»Du nimmst mich auf den Arm, oder?«

»Du bist schon manchmal die ganze Nacht wach geblieben und hast geweint, stimmt's?«

»Äh …«

Ich musste an meinen dreiunddreißigsten Geburtstag denken. Die zweite Fertilitätsbehandlung war fehlgeschlagen, und ich hatte entschieden, diese Versuche zu beenden. Immerhin hatten wir ja Apollo. Trotzdem, wenn ich darüber nachdachte, dann waren da Nächte, in denen ich alleine wach blieb, weil ich aus irgendeinem Grund traurig war.

Und ich erinnerte mich daran, dass Apollo in diesen Nächten an meiner Seite blieb.

»Vielleicht tut Apollo wegen diesen Nächten, als würde er schlafen, und wartet dann ab, bist du eingeschlafen bist. Wenn er sich sicher ist, dass du schläfst, leckt er dir immer die Augen und geht dann zurück in sein Bett.«

»Das ist doch nicht möglich.«

»Und deshalb glaube ich nicht, dass es stimmt, dass du ihn auf seinem Totenbett im Stich gelassen hast.«

»Warte …«

»Apollo hat nur darauf gewartet, bis du eingeschlafen bist.«

»Ich …«

»Apollo hat wahrscheinlich sichergestellt, dass du wirklich eingeschlafen bist, und ist erst dann selbst erleichtert eingeschlafen.«

Von dem, was dann passiert ist, weiß ich nicht mehr viel. Ich begann heftig zu schluchzen, umarmte Apollo von ganzem Herzen und sagte immer wieder Danke, bis ich ganz heiser war. Aber ich erinnere mich schwach daran, dass mir Apollo liebevoll die Wangen leckte und dabei bellte: »*Wuff. Wuff.*«

»Weg da!«

Als Sunao wieder zu Bewusstsein kam, waren Mutsuo und Apollo fort, und die Frau mit dem furchterregenden Gesicht im weißen Kleid stand vor ihr.

»Oh! Es tut mir leid.« Sunao stand in aller Eile auf und bedeutete der Frau im weißen Kleid, wieder Platz zu nehmen. Gehen konnte sie nur langsam und unbeholfen, möglicherweise wegen ihrer verweinten Augen.

»Wie ist es gegangen?«

Die Frage war plötzlich hinter ihr zu hören. Es war Kazu.

Sunao blickte sich um und konnte immer noch nicht glauben, dass sie in die Gegenwart zurückgekehrt war.

Apollo?

Kazu nahm Sunaos Tasse und verschwand in der Küche. Die Frau im weißen Kleid las wieder schweigend in ihrem Buch, als wäre nichts geschehen.

Alles, was Sunao mit ihren Augen wahrnahm, waren die drei großen Standuhren, die nach verschiedenen Zeiten tickten, der sich drehende hölzerne Deckenventilator und die Frau im weißen Kleid. In diesem Raum ohne Fenster war die verstreichende Zeit unmöglich zu ermessen.

Du meine Güte, war das alles nur ein Traum?

Rein gar nichts deutete auf Apollo hin, obwohl der gerade eben noch hier an ihrer Seite gewesen war.

Und er war ganz bestimmt hier gewesen. Sie spürte seine Wärme noch an Hand und Wangen, obwohl sie wusste, dass er tot war.

Kurz darauf kam Kazu mit dem Kaffee für die Frau im weißen Kleid zurück.

»Was ist eben geschehen?«

»Was meinen Sie?«

»Die Gegenwart ändert sich doch nicht, richtig?«

»Das stimmt.«

»Und die Vergangenheit ändert sich auch nicht, oder?«

»Nein, auch nicht.«

»Aber warum kommt es mir dann vor, als wäre ich als völlig anderer Mensch zurückgekehrt?«, fragte Sunao die Bedienung mit beschwörendem Blick.

Kazu indessen erwiderte salopp: »Da habe ich keine Ahnung.«

»Oh, also gut.«

Sunao war immer noch von Gefühlen überwältigt, als sie ihre Rechnung beglich und das Café verließ. Die Sonne war inzwischen am Untergehen und tauchte die Stadt in Orange. Die Schatten dehnten sich lang.

Ich war tief in Gedanken, als ich nach Hause ging.

Was ist eben mit mir geschehen?

Ich war tief verstrickt in mein Bedauern über die Vergangenheit. Es hat mich aufgefressen; ich konnte es nicht loswerden, nichts konnte mich retten. Und doch durchflutet mich jetzt ein seltsames Gefühl. Wenn ich es benennen müsste, dann wäre das wohl …

Dankbarkeit.

Kein anderes Wort scheint zu passen. Jetzt will ich eigentlich nur noch nach Hause gehen und Mutsuo alles erzählen.

Bestimmt wird er lachen und sagen: »Jetzt erzählst du mir, was ich dir in der Vergangenheit erzählt habe?«

Und ich werde ihm seinen Spaß gönnen. Und Apollo möchte ich das auch alles erzählen. Ich habe nichts zu ihm gesagt außer »Entschuldigung«. Aber ich bin mir sicher, Apollo wollte das überhaupt nicht hören.

Er hätte auch nicht gewollt, dass ich weine. Also werde ich mein Leben zufrieden mit mir selbst weiterleben. Und das möchte ich den beiden sagen, wenn ich nach Hause komme:

Danke …

DER ANTRAG

Er würde ihr einen Antrag machen.

Hikari Ishimori hatte so eine Ahnung, sobald er sie bat, sich mit ihm in diesem Café zu treffen.

Er wird mir hier doch keinen Antrag machen?

Das Café war so schäbig, dass sie an seinem Urteilsvermögen zweifelte. Das fensterlose Lokal lag im Untergeschoss. Mit den wenigen Lampen an der Decke wirkte es düster und fast schon ein bisschen unheimlich.

Was?Ihr Blick fiel auf drei große Standuhren, die vom Boden bis zur Decke reichten und jeweils auf eine andere Zeit eingestellt waren. Sie sah auf ihre eigene Uhr. Nur die mittlere Uhr zeigte die korrekte Zeit an.

Hier komme ich nie wieder her.

Das waren Hikaris erste Eindrücke beim Besuch des Cafés.

Einen schlimmeren Ort und Zeitpunkt hätte er sich für seinen Antrag kaum aussuchen können.

Hikari seufzte innerlich.

Sie hatte Yoji Sakita bei einem Rätselabend kennengelernt. Dabei handelte es sich um eine Art Escape-Room-Spiel, bei dem innerhalb einer begrenzten Zeit eine Reihe von Rätseln gelöst werden musste. Bei der Veranstaltung waren Sechser-Teams vorgeschrieben, also bildeten Hikari und zwei Freundinnen ein Team mit einem Trio von Jungs, zu dem auch Yoji gehörte.

Yoji hatte eine Vorliebe für diese Rätselspiele; wie Hikari später erfuhr, ging er am Wochenende auch gerne allein zu solchen Treffen.

Nerd mit Brille. Das war ihr erster Eindruck gewesen. Sie war sich sicher, dass er in der Grundschule als Nerd gegolten hatte.

Mit diesem Gedanken im Hinterkopf musste sich Hikari jedes Mal ein Lachen verkneifen, wenn Yoji sich mit einer für ihn so typischen Geste die Brille auf der Nase hochschob.

Die sechs hatten sich beim gemeinsamen Rätsellösen angefreundet und trafen sich seitdem regelmäßig.

Sechs Monate später dachte Hikari immer noch, sie wären alle einfach nur befreundet, bis sie bestürzt feststellen musste, dass sich in der Gruppe zwei Pärchen gebildet hatten.

Damit blieben nur noch sie beide: Hikari und Yoji. Animiert von den anderen begannen sie, miteinander auszugehen. Und an ihrem dritten Weihnachten seit ihrer ersten Begegnung machte Yoji ihr hier in diesem Café einen Antrag.

»Ich würde gern noch ein bisschen warten, bevor wir übers Heiraten reden.«

Hikari hatte ihren Satz genau in dem Moment gesagt, als Yoji die Schachtel mit dem Ring hervorholte. Sie waren seit einem Jahr zusammen. Hin und wieder hatte es verräterische Anzeichen dafür gegeben, dass Yoji ans Heiraten dachte und dass ein Tag wie dieser kommen würde.

»Versteh mich nicht falsch. Es ist nicht so, dass ich nicht heiraten will.«

Eigentlich dachte sie: Ich bin mir nicht sicher, ob du der Richtige bist.

Aber das konnte sie ihm nicht sagen, sie wollte seine

Gefühle nicht verletzen. Er war der perfekte Freund. Inzwischen war die gemeinsame Begeisterung für Rätselspiele, die sie zusammengeführt hatte, bei Hikari fast noch größer als bei Yoji. Und er war Beamter, was ein sicheres Einkommen bedeutete.

Dennoch löste der bloße Gedanke ans Heiraten heftigen Widerwillen in ihr aus. Allerdings war es weniger die gemeinsame Zukunft, die sie beunruhigte.

Was, wenn eines Tages ein geeigneterer Kandidat als Yoji auftauchen würde?

Aufgrund dieser vagen Erwartung nagten an ihr Zweifel. Womöglich würde sie die Heirat eines Tages bereuen. Sie war doch erst achtundzwanzig. Wenn sie diese Gelegenheit ausließ, würde sich eine andere bieten.

Freundinnen von ihr hatten mit vier- oder fünfundzwanzig geheiratet und ließen sich jetzt eine nach der anderen wieder scheiden.

Vielleicht war es auch die Ehe an sich, die sie zweifeln ließ. Solange sie allein lebte, konnte sie tun und lassen, was sie wollte. Sie brannte also nicht gerade vor Verlangen nach einer Heirat.

Was ist denn so schlecht an dem, wie es jetzt ist?

Ihr war auch bewusst, dass ihre Zuneigung sich immer ein bisschen abgekühlt hatte, sobald Yoji vom Heiraten gesprochen hatte. Es war nicht so, dass sie ihn nicht mochte. Es ging mehr um den richtigen Zeitpunkt. Sie war einfach noch nicht bereit.

Gerade jetzt …

»Ich habe endlich eine interessante Arbeit …«

Das war nicht gelogen. Hikari hatte vor einem Jahr eine neue Stelle angetreten und begonnen, als Hochzeitsplanerin zu arbeiten.

Davor hatte sie für eine große Firma gearbeitet, doch ihr Vorgesetzter war einfach unerträglich gewesen. In ihrem neuen Job hatte sie zwar unregelmäßigere Arbeitszeiten und kaum freie Wochenenden, und auch die Bezahlung war schlechter. Doch sie mochte ihren Chef und hatte Spaß an der Arbeit.

Obwohl es ihr Job war, war sie oft zu Tränen gerührt, wenn sie das glückliche Brautpaar vor sich sah. Ebendeswegen hatte sie Bedenken.

Ich bin mir nicht sicher, ob ich bei meiner Hochzeit auch so glücklich wäre, wenn ich Yoji heiraten würde.

Das Wagnis war ihr zu groß, doch sie fand keine Worte, ihren Gefühlen Ausdruck zu verleihen. Ihr war bewusst, wie selbstsüchtig und kränkend ihr Verhalten wirken musste, aber sie wollte unbedingt vermeiden, dass sie nach der Hochzeit von quälenden Zweifeln heimgesucht würde.

»Tut mir leid. Ich bin furchtbar selbstsüchtig.«

Mehr sagte Hikari nicht, sie senkte nur den Blick. Der Kaffee in ihrer Tasse war mittlerweile kalt. Sie hatte noch keinen Tropfen davon getrunken.

»Oh … ich verstehe. Da war ich wohl etwas voreilig.«

Sie blickte auf. Yoji lächelte sie schief an. Sie spürte einen heftigen Stich im Herzen. Mit ihrem Egoismus hatte sie ihn verletzt. Aber alles andere wäre Verrat an ihr selbst gewesen.

Wenn sie sich etwas vormachen und Yoji heiraten würde, würde die Ehe sicher nicht glücklich werden.

»Ich werde warten. Ich werde warten, bis du deine Meinung geändert hast«, sagte Yoji und leerte seine Tasse mit kaltem Kaffee in einem Zug.

»Das war letztes Jahr«, schloss Hikari ihren Bericht über ihr Treffen mit Yoji im Café.

Sie hatte sich bemüht, alles wahrheitsgetreu wiederzugeben, so gut sie sich eben daran erinnern konnte.

Ihre Zuhörer waren Nagare Tokita, der Besitzer des Cafés, Kazu Tokita, die Kellnerin, und Fumiko Kiyokawa, die als Stammgast wie immer auf einem Hocker am Tresen saß.

Außerdem war da noch eine Frau, die an einem Tisch in der hintersten Ecke des Cafés ein Buch las. Sie trug ein kurzärmeliges weißes Kleid, wirkte jedoch nicht, als ob sie frieren würde, obwohl es Dezember war. Hikaris Geschichte schien sie nicht zu interessieren, sie hob kein einziges Mal den Blick von ihrem Buch.

»Und wie ging es dann mit ihm weiter?«, fragte Fumiko.

»Er hat Schluss gemacht. Vor sechs Monaten.«

»Er hat Schluss gemacht, obwohl er versprochen hatte, auf Sie zu warten?«

»Ja.«

»Und warum?«

»Er sagte, er hätte sich in eine andere verliebt …«

»Wie bitte?«

Fumiko warf mit einem verächtlichen Blick den Kopf in den Nacken.

»Vergessen Sie ihn einfach. Was ist das für ein Mann, der nicht einmal ein halbes Jahr wartet? Ziehen Sie einen Strich unter die Sache und blicken Sie nach vorn. Das klingt, als ob Sie richtiggelegen hätten, ihn nicht zu heiraten! Wenn er das getan hat, gibt es keinen Grund, in die Vergangenheit zurückzukehren!«

»Was?«

Hikari war schockiert. Sie hatte Fumiko gerade erst kennengelernt – und das auch nur, weil sie beide zufällig im selben Café waren –, trotzdem hatte sie sich eingemischt und gleich ihre voreiligen Schlüsse gezogen.

Kann mir mal jemand helfen? Hikari blickte flehentlich zu Nagare und Kazu hinter der Theke, doch Nagare verschränkte nur die Arme und brummte »Hmm«, während er mit zusammengezogenen Augenbrauen seinen Gedanken nachhing.

Kazu polierte ein Glas und wirkte so distanziert, dass man nur schwer sagen konnte, ob sie überhaupt zugehört hatte.

Wer sind diese Leute?

Sie glaubte nicht wirklich, dass man in die Vergangenheit zurückreisen konnte. Das war mehr ein verzweifelter Griff nach dem letzten Strohhalm; der verzweifelte Wunsch, die Zeit zurückzudrehen. Weder Nagare noch Kazu hatten ihr gesagt: »Wenn Sie keinen guten Grund haben, können Sie auch nicht zurückreisen.«

Die Frage »Was ist denn passiert?« war von Fumiko gekommen. Ob es Fumiko überhaupt etwas anging und sie befugt war, diese Frage zu stellen, war Hikari nicht klar, sie hatten sich ja gerade erst kennengelernt. Sie hatte gedacht, Fumiko würde für die beiden anderen sprechen, und hatte deshalb angenommen, dass sie einen Grund nennen müsse, um in die Vergangenheit zurückkehren zu dürfen.

Nun wurde ihr klar, dass sie sich völlig unnötig darüber aufgeregt hatte, dass die beiden ihr das nicht gesagt hatten. Die ganze Situation war ihr peinlich.

Sie konnte niemandem außer sich selbst Vorwürfe machen, dass sie ihre Geschichte herausposaunt hatte, wütend geworden war und sich am Ende selbst leidtat.

Was um alles in der Welt mache ich eigentlich hier?

Gerade als Hikari anfing zu bereuen, überhaupt in dieses Café gekommen zu sein, ertönte eine Stimme, die klang, als würde sie mit sich selbst sprechen.

»Sie können zurückreisen.« Hikari schaute auf und sah Kazu hinter dem Tresen. Sie hatte mit dem Gläserpolieren aufgehört und erwiderte ihren Blick.

»Wirklich?«

»Ja.«

Hikari fiel auf, dass abgesehen von Kazus »Hallo. Willkommen« und Nagares »Hmm« bisher nur Fumiko geredet hatte.

Sie sprang auf und stürzte zum Tresen, als ob sie Kazu anfallen wollte. Es war Zeit, endlich Nägel mit Köpfen zu machen.

»Dann lassen Sie mich zurückreisen. Ich will zu diesem Tag zurückkehren, genau vor einem Jahr. Bitte!«

»Obwohl es nichts bringen wird?«

Wieder hatte sich Fumiko eingeschaltet. Doch Hikari blieb unbeirrt.

»Woher wollen Sie das wissen? Das kann man doch erst sagen, wenn ich dort war und mich mit ihm unterhalten habe!«

Fumikos Augen weiteten sich, als Hikari so emotional reagierte. Sie antwortete sofort: »Tut mir leid, ich habe mich nicht gut ausgedrückt.« Ihre Entschuldigung wirkte aufrichtig.

Hikari bedauerte ihre hitzige Antwort. Doch Fumiko nahm ihre Aussage nicht zurück.

»Sie wissen es nicht, oder? … Sie können in die Vergangenheit zurückkehren. Das ist möglich, aber selbst wenn Sie es tun, können Sie die Gegenwart nicht ändern, sosehr Sie sich auch bemühen.«

»Was?«

Fumikos Erklärung war nicht die Antwort, die Hikari hören wollte. Sie wollte in die Vergangenheit zurückkehren, um die Gegenwart zu ändern. Wenn man die Gegenwart nicht ändern konnte, warum sollte man dann in die Vergangenheit reisen?

»Entschuldigung, was haben Sie da gerade gesagt?«

»Ich habe gesagt, selbst wenn Sie in die Vergangenheit zurückkehren und seinen Antrag annehmen oder ihm sogar einen Antrag machen, wird das nichts daran ändern, dass er sich in eine andere Frau verliebt und Sie verlässt.«

»Aber warum wird sich denn die Gegenwart nicht ändern?«, fragte Hikari, zunehmend kleinlauter.

»So lautet die Regel«, antwortete Kazu sachlich.

»Die Regel?«

»Ja, die Regel. Man kann in die Vergangenheit zurückkehren, muss dabei aber einige Regeln befolgen.«

Kazu sprach leise, doch das Wort *muss* klang unerbittlich.

Nach Kazus kühlem Blick zu urteilen, war jeder Widerspruch zwecklos. Hikari hatte das Gefühl, gegen eine Wand zu rennen.

Sosehr sie sich auch winden würde, es würde nichts bringen. Trotzdem ließ sie nicht locker.

»Aber wenn ich verspreche, ihn zu heiraten?«

»Oh klar, das können Sie.«

»Dann …«

»Aber die Hochzeit wird nicht stattfinden.«

Das Glücksgefühl, das kurz in ihr aufgeflackert war, bestärkte Hikari in ihrer Entschlossenheit.

»Wir mieten einfach einen Hochzeitssaal. Was könnte uns aufhalten?«

»Selbst wenn Sie einen Saal mieten, würde die Zeremonie an dem Tag aus irgendeinem Grund abgesagt. Wenn Sie versuchen würden, Ihre Eheschließung eintragen zu lassen, wäre es unmöglich, die Papiere beim Standesamt einzureichen.«

In Hikaris Kopf ging nun alles durcheinander.

Wenn sich die Vergangenheit ändert, ändert sich auch die Gegenwart.

Sie dachte, das wäre allgemein bekannt. Aber dieses grundlegende Prinzip wurde jetzt infrage gestellt.

»Das alles ist doch ein Scherz, oder?«

Sagt, dass das alles nur ein dummer Scherz ist.

»Das ist unser voller Ernst.«

»Warum sollte es so eine Regel geben?«

»Auch wir wissen darauf keine Antwort. Aber die Regel ist absolut. Und weil es diese Regel gibt, besteht auch keine Möglichkeit, dass Sie ihn heiraten. Er wird sich auch definitiv von Ihnen trennen, weil er eine andere kennenlernen wird. Ihre Beziehung wird sich weder weiterentwickeln noch verschlechtern … selbst wenn Sie versuchen würden, die Beziehung zu beenden, bevor er mit Ihnen Schluss macht, es wäre nicht möglich.«

»Im Ernst?«

Hikari ließ sich schlaff auf einen Stuhl am mittleren Tisch plumpsen.

Ich hatte ja keine Ahnung, dass es so eine blöde Regel gibt.

Durch eine Mail von Yoji, die sie eines Tages ohne

Vorwarnung erhalten hatte, einige Monate nach dem Ende ihrer Beziehung, hatte sie erfahren, dass sie in diesem Café in der Zeit zurückreisen konnte.

Zu dem Café, in dem ich dir den Antrag gemacht habe.
Es heißt, dass man dort in der Zeit zurückreisen kann.

Keine Anrede, kein Gruß. Hikari schauderte angesichts der zweizeiligen Mail. *Was für ein Spinner.* Er hatte mit ihr Schluss gemacht, und jetzt schickte er ihr aus unerfindlichen Gründen diese kryptische E-Mail. Das war doch nicht normal.

Hikari hatte die Mail einfach ignoriert, hatte nicht darauf geantwortet. Ein paar Tage später erfuhr sie, dass Yoji gestorben war. Diese unheimliche Aneinanderreihung der Ereignisse ließ ihr keine Ruhe. Sie erinnerte sich immer noch an dieses seltsame Unbehagen. Wie wenn sie ein Rätsel lösen musste – dieses Gefühl, wenn mehrere unzusammenhängende Hinweise zu einer Antwort führen.

Antrag.
Ende der Beziehung.
Wie aus dem Nichts … seine letzte E-Mail.
Die plötzliche Todesnachricht.

Sie vertraute ihrer intuitiven Reaktion auf die Hinweise und stattete dem Café einen Besuch ab. Wenn sie in die Vergangenheit zurückkehren konnte, dann konnte sie sicher auf die Gegenwart einwirken. Aber diese Hoffnung hatte sich nun zerschlagen.

»Sie wirken ziemlich geschockt, nachdem Sie erfahren haben, dass Sie die Gegenwart nicht verändern können«, bemerkte Fumiko zu Hikari, die niedergeschlagen zur Decke schaute.

»Das ist eine ganz normale Reaktion«, erklärte Nagare.

»Oh, klar.« Fumiko konnte aus eigener Erfahrung sprechen: Sie war selbst in der Zeit zurückgereist, um ihren Freund zu treffen, der nach Amerika ausgewandert war. Auch Fumiko hatte die Regeln des Cafés damals noch nicht gekannt.

Es gab fünf Grundregeln.

Wenn man in der Zeit zurückreist, kann man nur jemanden treffen, der das Café schon einmal besucht hat.

Sosehr man sich auch bemüht, man kann bei der Zeitreise die Gegenwart nicht ändern.

Auf dem Stuhl, der einen in der Zeit zurückführt, sitzt bereits ein Gast.

Man darf während der Zeitreise nicht von diesem Stuhl aufstehen.

Es gibt ein Zeitlimit.

Als Fumiko erfahren hatte, dass man die Gegenwart nicht ändern konnte, hatte sie sich trotzdem für die Zeitreise entschieden, und sei es nur, um sich bei ihrem Freund zu beschweren, dass er sich in die USA abgesetzt hatte. Sie konnte seine Abreise nicht verhindern, doch danach kannte sie zumindest seine wahren Gefühle.

»Apropos, wie geht es Ihrem Freund in Amerika?«, fragte Nagare die am Tresen sitzende Fumiko.

Es entstand eine kleine Pause, in der Fumiko den letzten Tropfen aus ihrer fast leeren Kaffeetasse trank.

»Oh, ähm, es geht ihm bestimmt gut«, antwortete sie betont gleichmütig.

»Haben Sie denn nichts von ihm gehört?«

Fumiko fuhr mit dem Zeigefinger über den Rand ihrer Tasse. Selbst für die unbeteiligte Hikari war offensichtlich, dass es zwischen ihr und ihrem Freund in Amerika keinen Kontakt gab.

»Nun ja, keine Nachrichten sind ja bekanntlich gute Nachrichten.«

Nagare nahm Fumikos Tasse und trug sie in die Küche, um nachzuschenken.

»Vermutlich«, sagte Fumiko mehr oder weniger zu sich selbst.

Ich mag sie nicht.

Aus irgendeinem Grund war Fumiko Hikari unsympathisch.

Was jedoch nicht an der besserwisserischen Art lag, mit der Fumiko – die sie zuvor noch nie gesehen hatte und die nicht einmal zur Belegschaft des Cafés gehörte – ihr gesagt hatte, dass sich die Gegenwart nicht ändern ließ, selbst wenn man in der Zeit zurückreiste.

Trotz der wenigen Informationen hatte Hikari begriffen, dass Fumiko nichts von ihrem Freund gehört hatte, weil sie zu stur war, um Kontakt zu ihm aufzunehmen.

Seit es um ihren Freund geht, ist sie auf einmal gar nicht mehr so gesprächig.

Manchmal kann man die Gefühle eines anderen an seiner Mimik und Gestik ablesen, er muss dafür gar nicht viel sagen. Für Hikari war klar, dass Fumiko ihre wahren Gefühle verbarg, weil sie ihren Blick nach unten richtete und sich auf die Unterlippe biss.

Bestimmt war sie frustriert, weil sie nichts von ihrem Freund gehört hatte, konnte sich aber nicht überwinden, ihm das zu sagen.

Für wen hält sie sich eigentlich?

Sie war eine schlanke, gut aussehende Frau. Ihr fein geschnittenes Gesicht strahlte Durchsetzungsvermögen und Stolz aus. Hikari war überzeugt, dass eine solche Frau nicht im Traum daran denken würde, ihren Mann zu kontaktieren, bevor er sie kontaktiert hatte.

Was für eine Idiotin.

Eine einfache Nachricht hätte genügt. Sie konnte ohne Probleme Kontakt zu ihrem Partner aufnehmen, aber nein, sie war lieber stur, ohne dass es einen vernünftigen Grund dafür gegeben hätte. Hikari begriff, dass sie Fumiko beneidete. Und dass sie deshalb wütend auf sie war.

Diese Frau ist so schön und hat einen Freund. Sie hat alles, was ich nicht habe.

Kein Mann hätte etwas dagegen, wenn Fumiko ihm sagen würde, dass sie ihn mochte. Hikari hätte auch gern so gut ausgesehen. Wenn Fumiko mit ihrem Freund in den USA Schluss machte, würde sie schon bald mit einem anderen Mann ausgehen. Die Männer umschwärmten sie, das war klar. Nur wenige Frauen konnten es sich leisten zu schmollen, wenn sich ein Mann nicht meldete.

Wie kann Gott nur so ungerecht sein. Mir hat er diese Vorzüge nicht geschenkt. Und trotzdem habe ich mich davor gedrückt, Yojis Antrag anzunehmen. Da nur noch wir beide in der Rätselgruppe übrig waren, ließ ich mich treiben. Aber dann machte ich den Fehler zu glauben, dass Yoji mich nicht wegen meines Aussehens mochte, sondern wegen meiner Persönlichkeit. Da habe ich mich getäuscht. Ich hatte vergessen, dass Männer letztendlich nach dem gehen, was sie sehen.

»Ich werde warten.«

Hikari hatte ihm geglaubt. Bis Yoji ihr mitgeteilt hatte,

dass er eine andere kennengelernt hätte, und sie mit dem Gefühl zurückblieb, er habe ein übles Spiel mit ihr gespielt.

Nein, wahrscheinlich war es mein Fehler, weil ich ihn warten ließ. Trotzdem glaube ich, wenn ich ein bisschen hübscher wäre …

Sie hatte ein gewöhnliches Gesicht, dem das gewisse Etwas fehlte. Dicke Lider, eine flache Nase und dünne Lippen – ganz anders als die schöne, elegante Fumiko.

Wenn ich Fumikos Augen hätte oder ihre Nase oder ihre Lippen, vielleicht wäre Yoji dann nicht in Versuchung geraten, sich eine andere zu suchen.

Fumiko hatte alles, was sich Hikari für ihr Aussehen wünschte, und das auch noch in Perfektion. Daher auch ihr Groll gegen sie.

Diese scheußliche Eifersucht.

Aber immer, wenn sie Yojis Gesicht vor sich sah, als er ihr sagte, er habe eine andere kennengelernt, war es kaum auszuhalten.

Was wäre gewesen, wenn ich seinen Antrag an jenem Tag angenommen hätte? Eins ist klar: Ich wäre heute nicht so entsetzlich eifersüchtig.

Aber jetzt war es zu spät. Sie würde Yoji nie wiedersehen.

»Eigentlich …«

Hikari sprach zu Fumiko, die von Nagare eine zweite Tasse Kaffee bekommen hatte. Fumiko war auf ihren Kaffee konzentriert und merkte nicht sofort, dass Hikari sich an sie gewandt hatte.

»Oh, sorry. Sprechen Sie mit mir?«

Fumiko stellte die Tasse wieder auf die Untertasse und drehte sich zu Hikari.

»Mein Freund …«

»Hmm?«

»Er ist gestorben. Nachdem wir uns getrennt haben …«

»Was?«

Bei Hikaris Enthüllung machte Fumiko große Augen. Sie wechselte einen Blick mit Nagare hinter der Theke.

»Er hatte schon immer Herzprobleme. Ich weiß, dass er deswegen manchmal ins Krankenhaus musste.«

Hikari blickte beim Erzählen gedankenverloren auf die Zuckerdose auf dem Tisch.

»Als er mit mir Schluss machte, hätte ich nie damit gerechnet, dass er sterben würde. Ich weiß noch, wie wütend ich war. Ich dachte, ich hätte ihn vergrault, weil ich mit dem Heiraten noch warten wollte.«

Aber …

In ihrem Herzen regten sich leise Zweifel.

Und was, wenn er wusste, dass er todkrank war, und die andere Frau nur erfand, um mit mir Schluss zu machen?

Hikari schnaubte bei dem Gedanken.

Das würde er nie tun.

Das klang nach einer viel zu perfekten Lösung. Schon der Gedanke daran war ihr peinlich.

Aber wenn es wirklich so war?

Dann hätte es überhaupt keinen Grund für ihr Gefühlschaos während der letzten sechs Monate gegeben.

Was soll ich jetzt nur machen?

Als Hikari merkte, dass Nagare und Fumiko sie beobachteten, schüttelte sie ganz leicht den Kopf.

Ich kann jetzt nichts mehr tun. Nichts würde sich ändern. Und wenn die Gegenwart nicht verändert werden kann, wäre es sinnlos, in die Vergangenheit zurückzukehren.

Hikari wagte nicht, das, was sie eigentlich bedrückte, in Worte zu fassen.

»Ich dachte, wenn ich in die Vergangenheit zurückkehre, könnte ich ihm helfen und ihm sagen, er solle sich behandeln lassen, bevor es zu spät ist … Und dass wir uns vielleicht nicht trennen würden, wenn ich ihm helfen würde«, sagte sie schwach.

Sie akzeptierte, dass es unmöglich war, das Vergangene zurückzubringen. Wenn das möglich wäre, wäre das Café viel berühmter. Die Gäste würden sich darin drängen, um vergangene Fehler wiedergutzumachen. Doch ein Blick durch das schwach beleuchtete, fensterlose Lokal zeigte, dass die Frau im weißen Kleid und Fumiko die einzigen Gäste waren.

Eine Tasse Kaffee kostete gerade einmal dreihundertachtzig Yen.

Das teuerste Gericht auf der Karte war Hühnchen à la Crème mit Nudeln und Shiso für neunhundertachtzig Yen.

Selbst für Hikari, die keine Ahnung hatte, wie man ein Lokal betreibt, war offensichtlich, dass ein Café mit einer solchen Speisekarte und diesen Preisen bei so wenigen Gästen nicht rentabel sein konnte.

Wenn es möglich wäre, in der Zeit zurückzureisen und die Gegenwart zu verändern, würden die Gäste nur so strömen, selbst wenn eine Tasse Kaffee zehntausend Yen oder sogar das Zehnfache kosten würde.

Also war es klar.

Wenn man die Gegenwart nicht durch eine Rückkehr in die Vergangenheit ändern kann, hat dieses Café keinen Wert.

Davon war Hikari nun überzeugt.

Wenn sie in die Vergangenheit zurückkehren und Yoji retten könnte; wenn sie seinen Antrag annehmen könnte und wenn sie glücklich zusammenleben könnten, dann würde Hikari mit Freuden eine Million Yen zahlen. Selbst zehn Millionen wären nicht zu viel, sie würde sie zahlen. Wenn man mit zehn Millionen Yen jemanden vor dem Tod bewahren konnte, wäre das immer noch ein gutes Geschäft.

Nachdem sie nun wusste, dass sich die Gegenwart nicht ändern ließ, wirkte das Café trist. Endlich hatte sie es verstanden. In einem solchen Café wollte man eigentlich gar nicht in der Zeit zurückreisen.

»Jedenfalls denke ich, dass ich hier nur meine Zeit verschwende. Ich gehe. Was bin ich Ihnen schuldig?«

Hikari stand auf und griff nach ihrem Mantel, der über der Stuhllehne hing. Sie sah zur Kasse, wo Kazu bereits wartete.

Nachdem Hikari ihr den Bon gereicht hatte, antwortete Kazu: »Dreihundertachtzig Yen.«

So unscheinbar. Von Anfang an sah Hikari in Kazu eine Kellnerin, der es seltsamerweise an Präsenz fehlte. Da sie so gut wie kein Wort sagte, war sie ja wohl kaum für die Dienstleistungsbranche geeignet. Selbst wenn Hikari sie ansprach, waren es Fumiko und Nagare, die die entsprechenden Antworten gaben, während Kazu sich nur schweigend um die Gläser kümmerte. Ihre Zugeknöpftheit wirkte wie eine Mauer.

Obwohl Hikari Fumiko um ihr Aussehen beneidete, hatte sie letztlich doch einen guten Eindruck bei ihr hinterlassen, weil sie ihr zugehört hatte. Nagare stand mit verschränkten Armen da und antwortete nur mit einem Brummen, trotzdem spürte Hikari, dass er aufmerksam zuhörte.

Abgesehen von dem anderen Gast – der Frau im weißen Kleid – war Kazu die Einzige, die distanziert wirkte.

»Sind Sie sicher, dass Sie so gehen wollen?«, fragte nun ausgerechnet Kazu, als Hikari an der Kasse stand. Hikari verstand nicht sofort, was sie meinte. Sie dachte, sie hätte vielleicht etwas liegen lassen. Sie fasste nach ihrer Handtasche und warf sogar einen prüfenden Blick auf den Tisch, an dem sie eben noch gesessen hatte, sah aber nichts.

Allerdings …

Ich habe zwar nichts vergessen … aber befriedigend ist das nicht.

… Es plagten sie immer noch Zweifel. Aber dass ausgerechnet Kazu darauf hinwies, schien unmöglich. Noch dazu auf ein Gefühl, das Hikari aus ihrem Kopf zu verbannen versuchte.

»Ja«, sagte sie reflexartig und nahm ihr Wechselgeld in Empfang.

Ist es wirklich okay, wenn ich jetzt gehe?

Hikari rang mit der Antwort. Kazu hielt sie nicht vom Gehen ab. Sie hatte einfach nur gefragt: *Sind Sie sicher, dass Sie so gehen wollen?* Doch damit hatte sie die nagenden Zweifel in ihrem Herzen noch verstärkt. Vor seinem Tod hatte sich Yoji mit ihr getroffen, um Schluss zu machen, um ihr zu sagen, dass er jemand anderen kennengelernt hatte. Aber hatte er wirklich eine andere Frau kennengelernt? Das passte einfach nicht zu seinem Versprechen, auf sie zu warten.

Und was, wenn er diese andere Frau erfunden hat, um Schluss mit mir zu machen?

Wenn das so war, würde sich einiges ändern. Es würde bedeuten, dass Yoji die Gefühle (Wut), die Hikari nach der Trennung empfunden hatte, absichtlich bei ihr ausgelöst hatte.

Hat Yoji die Trennung etwa geplant, damit ich ihn hasse?

Warum?

Tja, ich denke, das ist leicht zu erklären.

Er wollte nicht, dass ich um ihn trauere.

Moment.

Das ist reine Spekulation. Ich sehe das jetzt durch eine rosarote Brille.

Trotzdem. Aber halt … Was, wenn Yoji tatsächlich gelogen hat, um mir die Verzweiflung zu ersparen?

Kazus schlichte Frage hatte eine ganze Reihe von Gefühlen in ihr losgetreten, die sie vermutlich verdrängt hatte, um nicht darüber nachzudenken. Doch wenn man Yoji kannte, ergab das alles so langsam einen Sinn.

Er war nicht der Typ, der sich einfach in eine andere verliebte, nachdem er gesagt hatte, er werde warten. Sie hätte ihn nicht so gemocht, wenn er so ein Mann gewesen wäre.

Was soll ich jetzt tun?

Hikari hatte gezahlt, rührte sich aber nicht vom Fleck. Fumiko sah sie seltsam an. Auch Kazu blieb hinter der Kasse stehen, mit abgewandtem Blick. Wenn sie eine normale Bedienung gewesen wäre, hätte sie nach dem Zahlen den Kopf geneigt und »Danke für Ihren Besuch« gesagt. Aber das hatte sie nicht.

Stattdessen schien Kazu auf etwas zu warten. Während Hikari Kazu betrachtete, kam ihr plötzlich ein Gedanke.

»Ähm, ich hätte doch noch eine Frage.«

»Nur zu, fragen Sie«, antwortete Kazu, als ob sie nur darauf gewartet hätte.

»Egal, wie sehr man sich auch bemüht, wenn man wieder in der Vergangenheit ist … also egal, was man sagt, man kann die Gegenwart nicht ändern, stimmt's?«

»Das stimmt.«

»Selbst wenn ich ihm sage, dass er sterben wird?«

»Ja.«

»Aber würde sich das nicht auf sein restliches Leben auswirken?«

»Selbst wenn ihm gesagt wird, dass er sterben wird, wird es keine Auswirkungen auf sein restliches Leben geben. Denn das ist durch die Regel geschützt, dass sich die Gegenwart nicht ändert.«

»Aber er weiß es dann? Oder was passiert mit seinem Gedächtnis?«

»Das bleibt intakt.«

»Völlig intakt?«

»Nun ja, das hängt von seiner Persönlichkeit ab, ob er es glaubt oder nicht.«

»Das heißt, es liegt an ihm, ob er es als Scherz versteht oder ernst nimmt?«

»Genau.«

»Verstehe.«

Es war so, wie sie es sich gedacht hatte. Das bedeutete, dass sie hier in der Gegenwart wusste, dass Yoji eine andere Frau liebte, der Yoji in der Vergangenheit wusste es jedoch nicht. Und ob sie sich nun entschied, in die Vergangenheit zurückzukehren oder nicht, es würde nichts daran ändern, dass er sie verlassen würde. Doch auch wenn die Gegenwart unverändert blieb, wie würde sich sein neues Wissen auf seine Sicht der Dinge auswirken?

Was wäre, wenn Yoji in dem Wissen, dass er sterben muss, gelogen hat, um mich zu schützen?

Hikari fragte sich, ob Yoji mit dem Wissen um seinen baldigen Tod anders umgegangen wäre, wenn sie seinen Antrag an jenem Tag angenommen hätte, anstatt die Entscheidung hinauszuschieben. Obwohl sich die Gegenwart weiterhin nicht ändern ließ, hatte sie das Gefühl, dass sich für Yoji dadurch etwas verändert hätte, wenigstens ein kleines bisschen.

Zumindest wären die Monate zwischen jenem Tag und seinem Todestag anders gewesen. Selbst wenn er eine andere Frau kennengelernt hätte. Und wenn er die andere Frau nur erfunden hatte, umso besser.

Auch wenn das für mich nichts bringt, vielleicht bringt es etwas für Yoji.

Hikari blickte Kazu in die Augen, die sie immer noch ansah.

»Nach genauerem Abwägen denke ich, dass ich doch zurückreisen will. Es gefällt mir nicht, wie sich die Dinge entwickelt haben, ich will wenigstens versuchen, ein bisschen was zu ändern.«

»Sehr gut«, sagte Kazu knapp. Sie drehte sich auf dem Absatz um und ging in die Küche.

Es war irgendwie enttäuschend, dass sie nicht gefragt wurde, warum sie ihre Meinung geändert hatte, nachdem sie bereits am Gehen gewesen war. Tatsächlich fühlte es sich merkwürdig, ja sogar beunruhigend an – als ob Kazu ihre Gedanken lesen könnte.

»Woher dieser plötzliche Meinungsumschwung?«, fragte Fumiko, als Hikari an ihren Tisch zurückkehrte. Hikari hatte *erwartet,* dass Fumiko fragen würde. Doch dieses Mal fühlte sie sich nicht verpflichtet, ihre Gefühle offenzulegen.

»Ich will mir später keine Vorwürfe machen müssen«, sagte Hikari einfach.

»Oh, das leuchtet ein«, antwortete Fumiko. Und als ob sie in ihre eigenen Gedanken versunken wäre, sagte sie nichts weiter dazu, sondern verließ das Café mit der

Erklärung, ihr sei gerade eingefallen, dass sie noch etwas zu erledigen hätte.

Die Türglocke läutete ihr *Ding, dong.* zum Abschied.

Vielleicht wollte sie sich bei ihrem Freund in Amerika melden, vielleicht war es auch etwas anderes.

Als Hikari sagte, sie wolle sich später keine Vorwürfe machen müssen, hatte sie Fumiko gegenüber auch angedeutet, dass man später womöglich bereute, dass man zu stur gewesen war. Vielleicht war die Botschaft angekommen. Es bleibt jedem selbst überlassen, wie er die Worte anderer einordnet und welche Handlungen er daraus ableitet.

Wenige Augenblicke zuvor hatte Hikari sich entschieden. Sie war drauf und dran gewesen zu gehen, doch dann hatte eine einzige beiläufige Bemerkung von Kazu sie veranlasst, ihre Meinung zu ändern. Jetzt dachte sie, es könnte sinnvoll sein, in die Vergangenheit zurückzukehren, selbst wenn sich die Gegenwart dadurch nicht ändern ließ.

Ich werde es für Yoji tun.

Sie spürte, wie sich ihr Herz schmerzlich zusammenzog, wenn sie daran dachte, wie sie sich gefühlt hatte, als sie mit Yoji zusammen gewesen war. Bis vor Kurzem hatte sie diese Gefühle gar nicht erst zugelassen.

Es ist so viel passiert, und doch stelle ich mich jetzt zum ersten Mal meinen Gefühlen … jetzt, da ich … ich glaube, ich habe ihn wirklich geliebt.

Und … *Eins muss ich noch wissen* … Hikari war nun fest entschlossen. Sie legte ihren Mantel über die Stuhllehne und setzte sich. Nach einer Weile kam Kazu aus der Küche zurück.

Nachdem sie Hikari noch einmal Kaffee eingeschenkt hatte, erklärte sie ihr die weiteren Regeln, die es zusätzlich zu der Regel gab, dass sich die Gegenwart nicht ändern ließ. Hikari erfuhr, dass sie nur Leute treffen konnte, die schon einmal im Café waren; dass sie auf einem bestimmten Stuhl sitzen musste, um in die Vergangenheit zurückzureisen, und dass sie, wenn sie in der Vergangenheit war, nicht von diesem Stuhl aufstehen durfte.

Hikari fand diese Regeln lästig, sah aber in keiner ein größeres Hindernis. Eine Regel überraschte sie dann aber doch.

»Ein Geist?«

Kazu hatte gerade erklärt, dass die Frau im weißen Kleid, die in der äußersten Ecke des Lokals saß, ein Geist war.

Hikari hielt das zunächst für einen Witz. Aber dann fuhr Kazu fort: »Ja. Und um in die Vergangenheit zurückzukehren, müssen Sie warten, bis sie aufsteht und zur Toilette geht.« Nachdem Kazu ihr das alles mit unbewegter Miene erklärt hatte, war Hikari sprachlos. Kazu wirkte nicht wie jemand, der Witze macht.

Andererseits war es schon seltsam genug, darüber zu reden, in die Vergangenheit zurückzukehren – da machte ein Geist auch nichts mehr aus. Also akzeptierte sie die Existenz von Geistern. Allerdings …

»Toilette? Sie geht immer noch auf die Toilette, obwohl sie ein Geist ist?«

Sosehr sie darüber nachdachte, sie konnte sich nicht vorstellen, warum ein Geist das tun sollte. Sie starrte in Kazus regloses Gesicht. Vielleicht würde sie doch noch »Das war ein Witz« sagen, doch Kazu fuhr ganz sachlich fort: »Ja. Sie geht jeden Tag auf die Toilette, aber nur einmal. Das ist Ihre Chance, um sich auf ihren Platz zu setzen.«

Kazu schien von Hikaris Reaktionen völlig unbeeindruckt, egal ob Überraschung, Zweifel oder Schock. Sie erklärte, niemand wisse, wann die Frau auf die Toilette gehen würde. Hikari könne auch bleiben, wenn das Café schließe, falls sie warten wolle, bis der Stuhl frei werde. Hikari sah zu den Standuhren an der Wand. Jede Uhr zeigte eine andere Zeit, nur die in der Mitte stimmte.

Genau in dem Moment rückte der Zeiger auf fünf Uhr, und die Uhr schlug fünf Mal.

»Ich werde warten«, sagte Hikari und griff nach der Tasse mit dem frischen Kaffee. Für Hikari, die entweder Instantkaffee oder selbst aufgebrühten Filterkaffee trank, war der Geschmack schwer als das zu akzeptieren, was sie als Kaffee kannte. Sie war sich ziemlich sicher, dass es der gleiche Kaffee war, den sie bei ihrem Besuch mit Yoji getrunken hatte, erinnerte sich aber nicht mehr an den Geschmack.

Ich war mit anderen Dingen beschäftigt.

Hikari sah zu der Frau im weißen Kleid, die still in einem Buch las. Die Vorstellung, dass ein Geist auf die Toilette ging, war schon ziemlich schräg. Aber genau so seltsam war eigentlich, dass sie ein Buch las. Hikari fragte sich, was für ein Buch das war.

Das Tempo, in dem sie umblätterte, ließ darauf schließen, dass sie tatsächlich las. Bedeutete das, dass sie dann auch den Inhalt verstand? Gab es Bücher, die Geister besonders interessant fanden, und andere, die sie weniger interessierten? Hikaris Neugier gegenüber der Frau im weißen Kleid wuchs.

»Was lesen Sie für ein Buch?«, fragte Hikari die Frau ganz beiläufig. Sie erwartete nicht wirklich eine Antwort, und es kam auch keine.

»Kaname mag Romane«, antwortete Nagare an ihrer Stelle. Hikari fand es komisch, dass er den Geist beim Namen nannte, doch noch interessanter fand sie, dass die Frau im weißen Kleid gern Romane las.

»Woher wissen Sie das?«

»Als sie noch lebte … Oh … äh …«

»Was?«

Nagare hatte sich selbst mit einer Art verschlucktem Husten unterbrochen, gefolgt von bedauerndem Gemurmel, als er gemerkt hatte, dass Kazu zuhörte. Seiner Reaktion nach zu urteilen, musste es ein unangenehmes Thema sein, über das er in ihrer Gegenwart lieber nicht sprechen wollte. Doch Hikari hatte es ganz klar gehört. *Als sie noch lebte.*

Außerdem hatte Nagare die Frau Kaname genannt. Diese Kaname musste eine Verbindung zum Café haben. Doch das schien ein heikles Thema. Aber je geheimnisvoller eine Sache ist, desto mehr wollen die Leute darüber erfahren.

Hikari wollte gerade fragen *Wer ist Kaname?,* doch dann …

Flap.

Das Buch wurde zugeschlagen. Ohne etwas zu sagen, stand die Frau im weißen Kleid langsam auf. Reflexartig straffte Hikari die Schultern und wappnete sich innerlich.

Sie ist aufgestanden! Der Geist hat Beine!

Die Frau ging an der wie versteinerten Hikari vorbei zur Tür und bog nach rechts zur Toilette ab, ohne dass man Schritte gehört hätte.

»Der Platz ist frei.«

»Hä?«

Hikari war damit beschäftigt gewesen, der Frau im weißen Kleid nachzuschauen, und merkte erst jetzt, dass Kazu vor ihr stand.

»Wollen Sie sich nicht dort hinsetzen?«

»Ja natürlich!«, antwortete Hikari laut.

»Gut. Aber vorher muss ich Ihnen noch eine wichtige Regel erklären.«

»Es gibt noch eine wichtige Regel?«

»Ja.«

Hikari hätte zu gern gewusst, wer die Frau im weißen Kleid war. Aber noch wichtiger war jetzt das Treffen mit Yoji. Nach einer kleinen Pause fragte sie: »Von welcher Regel sprechen Sie?«

»Wenn Sie sich hingesetzt haben, werde ich Ihnen eine Tasse Kaffee einschenken.«

»Noch einen Kaffee? Sie haben mir doch gerade erst einen gebracht.«

Hikari deutete auf den Kaffee, der vor ihr stand.

»Es wird ein anderer Kaffee sein.«

»… Oh. Okay.«

Hikari hatte bereits eine Tasse Kaffee getrunken. An der zweiten Tasse hatte sie nur einmal genippt. Sie wollte ihn eigentlich nur austrinken, damit er nicht weggeschüttet werden musste.

Eine dritte Tasse …

Es war nicht so, dass sie Kaffee nicht mochte. Trotzdem war der Gedanke an eine dritte Tasse nicht gerade verlockend.

Da ihr keine Entgegnung einfiel, seufzte Hikari nur ergeben.

»Okay. Weiter«, sagte sie zu Kazu, damit sie die Regel erklärte.

»Die Zeit, die Sie in der Vergangenheit verbringen, ist begrenzt. Sie reicht von dem Moment, in dem ich Ihnen den Kaffee einschenke, bis er kalt wird. Wichtig ist aber vor allem, dass Sie den Kaffee komplett austrinken müssen, bevor er kalt ist.«

»Bevor er kalt ist?«

Hikari legte die Hand auf ihre Tasse. Es war vielleicht fünf oder sechs Minuten her, dass Kazu ihr eingeschenkt hatte, doch der Kaffee war noch warm. Es würde also noch ein paar Minuten dauern, bis er kalt wurde, was bedeutete, dass sie etwa fünfzehn bis zwanzig Minuten in der Vergangenheit verbringen konnte. Das müsste genügen, um Yojis Antrag anzunehmen und in die Gegenwart zurückzukehren. »Okay, ich verstehe«, antwortete sie. Die Regel schien nicht so wichtig. Dass man die Gegenwart nicht ändern konnte, erschien ihr viel gravierender.

»Ich muss also einfach den Kaffee komplett trinken, bevor er kalt wird, richtig?«

Hikari hatte kein Problem, diese Regel zu akzeptieren. Den Kaffee auszutrinken, bevor er kalt war, erschien überraschend einfach. Hikari griff nach ihrer Tasse und trank zwei Schlucke zum Testen. Er war immer noch nicht lauwarm.

»Und was passiert, wenn ich ihn nicht austrinke?« Sie war neugierig, also fragte sie.

Kazu antwortete nicht sofort. »Wenn Sie nicht austrinken …« Sie machte eine verlegene Pause.

»Wenn ich ihn nicht austrinke?«

Was dann?

Hikari hob ungeduldig die Augenbrauen und sah Kazu auffordernd an.

»Dann sind Sie dran: Sie werden ein Geist und müssen andauernd auf diesem Stuhl sitzen.«

»Was?«

Hikari blickte in die Richtung, in die vorhin die Frau im weißen Kleid auf dem Weg zur Toilette verschwunden war, und wandte die Augen dann langsam wieder zu Kazu, die mit ausdrucksloser Miene auf den Stuhl starrte, auf dem die Frau im weißen Kleid – oder besser der Geist – gerade noch saß.

Moment, ich setze mein Leben aufs Spiel?

Ihr war nicht klar gewesen, wie groß das Risiko war, wenn man sich auf die Zeitreise und ihre Regeln einließ. Plötzlich fiel ihr eine wichtige Frage ein.

Bis der Kaffee kalt ist? Ist das nicht ein bisschen vage?

Hikari legte noch einmal die Hand auf ihre Tasse und prüfte, wie weit der Kaffee abgekühlt war.

Huch, was war das?

Noch vor wenigen Minuten hatte sie noch die Wärme gespürt, aber jetzt war er definitiv kalt.

Unglaublich! Wann ist das passiert?

Wie kalt war kalt? Hikari war ratlos. Wenn sich die Tasse kalt anfühlte, war dann alles vorbei? Im Sommer war ein kalter Kaffee doch immer noch lauwarm.

Hikari war nun völlig verwirrt. In dem Moment fragte Kazu: »Was möchten Sie jetzt tun?«

Die Bedeutung dieser einfachen, beiläufig gestellten Frage war klar: Nachdem Sie wissen, dass Sie sich womöglich in einen Geist verwandeln, wollen Sie trotzdem noch in die Vergangenheit reisen?

Damit bot sie ihr auch eine letzte Möglichkeit, einen Rückzieher zu machen. *Wenn ich aussteigen will, dann jetzt.*

Hikari ging ein letztes Mal ihre Gefühle durch. Sie hatte sich aus zwei Gründen entschieden, in die Vergangenheit zurückzukehren.

Zum einen wollte sie herausfinden, ob Yojis *Ich habe jemand anderen kennengelernt* stimmte.

Andererseits, selbst wenn es stimmte, dass er eine andere Frau kennengelernt hatte, wäre das noch nicht passiert, als

Yoji ihr an jenem Tag einen Heiratsantrag gemacht hatte, daher war das irrelevant.

Weshalb sie vorhatte, dieses Mal Ja zu sagen. Sie wollte es Yoji zuliebe tun.

Ich will ihm sagen, was ich wirklich empfinde.

Es war also auch ihr zuliebe. Doch das Risiko, ein Geist zu werden, war ganz schön hoch. Sie musste einfach den Kaffee komplett austrinken, bevor er kalt wurde. Allerdings war *Bevor er kalt wurde* eine erschreckend vage Regel. Womöglich war sie so ins Gespräch vertieft, dass sie den Moment verpasste, in dem aus *abkühlen kalt* wurde. Der Unterschied lag vielleicht bei nur einem Grad oder einem Zehntelgrad.

Je mehr sie darüber nachdachte, desto schwerer fiel ihr die Antwort.

Aber wenn ich ihn jetzt nicht sehe, werde ich es womöglich für immer bereuen.

Hikari trank ihre zweite Tasse Kaffee aus. Er war kalt. Sie starrte in die leere Tasse. Sie hatte angenommen, er wäre noch warm. Doch beim Trinken war er völlig kalt. Sie hatte sich bei der Temperatur verschätzt.

Jetzt, da sie feststellte, dass der Kaffee kalt war, erschien ihr die Zeit, die der Kaffee zum Abkühlen brauchte, unbestimmter und kürzer, als sie ursprünglich gedacht hatte. In diesem Moment wurde ihr klar, dass sie sich nicht auf ihr eigenes Zeitgefühl verlassen konnte. Vielleicht war Zeit an sich gar nicht absolut, sondern relativ.

Sie fasste einen Entschluss. Ich muss die Tasse die ganze Zeit in der Hand halten und sie austrinken, sobald sie sich lauwarm anfühlt.

Hikari stellte die Tasse auf die Untertasse. »Ich denke«, sagte sie und stand langsam auf, »ich will ihn noch einmal sehen und ihm sagen, was ich empfinde, von Angesicht zu Angesicht.«

Die Worte auszusprechen, bestärkte sie in ihrem Entschluss.

Ich will es nicht noch einmal bereuen.

Sie hatte gedacht, sie müsste sich eine Reihe von Gründen nennen, doch sie brauchte gar keinen.

Ich will Yoji sehen, egal, wie groß das Risiko ist.

Mehr brauchte es nicht.

»Sehr gut«, sagte Kazu, machte kehrt und ging Richtung Küche.

»Ich kann mich setzen, ja?«, fragte Hikari Nagare, der sie schweigend vom Tresen aus beobachtet hatte.

»Ja, natürlich«, antwortete er mit einer höflichen Handbewegung. Hikari biss sich auf die Lippen und blieb vor dem Stuhl stehen, der sie in die Vergangenheit zurückbringen sollte. Ihr Herz klopfte schneller. Sich einfach nur hinzusetzen, würde sie nicht gleich in die Vergangenheit katapultieren. Trotzdem: Sie wusste nicht, was passieren würde. Vorsichtig schob sie sich zwischen Tisch und Stuhl und ließ sich langsam auf ihren Platz sinken.

»…«

Nichts passierte. Es schien ein ganz gewöhnlicher Stuhl zu sein. Der einzige Unterschied, der ihr auffiel, war der, dass sich der Stuhl ein bisschen kalt anfühlte. Tatsächlich war es nicht nur der Stuhl. Als sich ihre anfängliche Anspannung löste, spürte sie, wie ein eisiger Lufthauch sie einhüllte.

Hier hat der Geist gesessen.

Kaum hatte sie das gedacht, lief ihr ein kalter Schauer den Rücken hinunter.

Wer weiß, am Ende muss ich hier womöglich bis in alle Ewigkeit sitzen.

Bei dieser Vorstellung schloss sie die Augen und schüttelte den Kopf, um sie schnell wieder loszuwerden. Kazu kam zurück aus der Küche.

Sie trug ein Tablett mit einer weißen Tasse und einem silbernen Wasserkessel. Als sie den Tisch mit dem Zeitreise-Stuhl erreicht hatte, räumte sie die Tasse der Frau im weißen Kleid ab und stellte die strahlend weiße Tasse vor Hikari hin.

»Wenn Sie bereit sind, gieße ich Ihnen jetzt Ihren Kaffee ein.«

»Ja, ich bin bereit.«

»Die Zeit, die Ihnen in der Vergangenheit zur Verfügung steht, beginnt, wenn ich den Kaffee eingieße, und reicht bis zu dem Moment, in dem er kalt ist.«

»Okay.«

Als sie die Regel vorhin gehört hatte, hatte Hikari angenommen, sie hätte etwa fünfzehn bis zwanzig Minuten. Aber seit sie wusste, was passieren würde, wenn sie ihn nicht rechtzeitig austrank, sah sie die Sache anders. Sie spürte den Druck und wollte ihn spätestens nach zehn Minuten runterstürzen, nein, eigentlich sogar so bald wie möglich. Noch während sie überlegte, hielt Kazu ihr etwas hin. Es sah aus wie ein Rührstab. Zehn Zentimeter lang.

Was ist das?, fragte Hikari Kazu mit den Augen.

»Wenn Sie das in die Tasse stecken, ertönt ein Warnsignal, bevor der Kaffee kalt ist«, erklärte Kazu und legte das rührstabähnliche Ding in Hikaris Tasse.

»Das warnt mich, dass der Kaffee gleich kalt ist?«

»Ja.«

Tja, das hätten Sie mir auch früher sagen können, dass es so ein praktisches Ding gibt. Dann hätte ich mir nicht unnütz Sorgen gemacht und kostbare Zeit verplempert!

Hikari hätte Kazu gerne angeschnauzt, riss sich aber zusammen.

»Verstehe«, sagte sie nur.

Doch Hikari wusste, selbst wenn sie ihrer Wut Luft gemacht hätte, die Kellnerin hätte keine Miene verzogen; sie hatte es nicht böse gemeint. Und wenn sie ehrlich war, fühlte sie sich jetzt deutlich erleichtert.

Die Frage, wie lange es dauern würde, bis der Kaffee kalt geworden war, war ihre größte Sorge gewesen. Jetzt war es ganz einfach. Sie musste ihn austrinken, wenn das Alarmsignal ertönte.

»Sind Sie bereit?«

Hikari holte tief Luft. »Gut, ich bin bereit. Sie können anfangen.«

Kazu nickte und griff nach dem silbernen Kessel. Sofort lag Spannung in der Luft. Hikari merkte plötzlich, dass ihre zu Fäusten zusammengeballten Hände zitterten.

Ich habe Angst.

Damit hätte sie rechnen müssen. Doch es war nicht die Angst, ein Geist zu werden. Sie hatte Angst davor, einen toten Menschen zu treffen. Sie konnte sich nur schwer vorstellen, wie es sein würde, jemanden zu sehen, der bereits tot war. Sie kniff die Augen zu und biss sich auf die Lippen. Als Kazu sie so sah, hob sie den Kessel und sagte: »Bevor der Kaffee kalt ist.«

Der Kaffee floss langsam vom Kessel in die Tasse. Hikari öffnete die Augen einen kleinen Spalt. Während sich die Tasse langsam füllte, stieg überraschend eine einzelne Dampfwolke auf.

Der Dampf wallte bis zur Decke, verflüchtigte sich aber nicht. Hikari dachte, sie würde den aufsteigenden Dampf betrachten. Aber irgendetwas stimmte nicht.

Was?

Plötzlich fiel ihr auf, dass ihre Umgebung anfing zu flimmern und sich zu verformen begann. Sie keuchte, überwältigt von dem Gefühl, dass ihr Körper nicht ihr eigener war. Die Decke war seltsam nah. Erst da wurde Hikari klar, dass sie nicht nur den Dampf aufsteigen sah, sondern mit ihm schwebte.

Das kann doch nicht wahr sein!

Doch es war nicht nur die immer näher rückende Decke. Alles um sie herum begann zu fließen und glitt an ihr vorbei. Wie in einem Kaleidoskop tauchten vergangene Ereignisse aus dem Café über ihr auf, wirbelten um sie herum und verschwanden.

Ich reise wirklich in der Zeit zurück!

Hikari schloss die Augen. Wenn sie ehrlich war, war das alles sehr verwirrend, ja sogar beängstigend.

Doch es war ihre Chance, Yoji noch einmal zu sehen. Beim bloßen Gedanken daran wurde ihr Atem flacher, wurde sie zappelig und unruhig.

Ich bin nervös.

Sie kannte diese Nervosität. Genauso hatte sie sich vor ihrer ersten richtigen Verabredung mit Yoji gefühlt.

Damals in der Grundschule wurde ich von den Jungs in meiner Klasse fürchterlich gehänselt, weil ich mir die Haare kurz geschnitten hatte. Wegen dieser schlimmen Erinnerung trug ich lange Zeit keine kurzen Haare mehr. Ich will nicht behaupten, dass ich traumatisiert war, aber die

Erfahrung war schlimm genug, dass ich so einen Haarschnitt nicht mehr haben wollte.

Aber das änderte sich eines Tages.

Ich schnitt mir tatsächlich die Haare ab!

Ich streckte meinem Spiegelbild die Zunge heraus. Das lag nur an diesem Bericht über Wahrsagerei im Frühstücksfernsehen. Darin hieß es, der Zaubertrick für die Liebe sei ein neuer Haarschnitt. Diese Bemerkung darüber, wie eine Typveränderung das Liebesleben verbessern kann, brachte mich dazu, zur Tat zu schreiten.

Ich war nämlich in einen der Jungs verknallt, die meine Freundinnen und ich gelegentlich bei den Rätselabenden trafen. Er hieß Ryo Ninomiya und war groß, schlank und sportlich. In der Junior High und in der Highschool hatte er angeblich sogar in der Volleyballmannschaft gespielt. Weil ich nach einer Möglichkeit suchte, seine Aufmerksamkeit zu erregen, ging ich das Wagnis ein und ließ mir die Haare kurz schneiden.

Aber als wir uns dann nach einer Weile wieder zu sechst trafen, lautete sein einziger Kommentar: »Oh, du hast dir die Haare geschnitten.«

Oh …

Und da war es wieder, mein Kurzhaar-Trauma. Dabei wurde ich dieses Mal nicht gehänselt. Und vielleicht war sein Kommentar auch gar nicht negativ gemeint gewesen. Das alles weiß ich natürlich.

Aber weil ich so sehr auf ein *Wie süß* oder *Steht dir!* gehofft hatte, reichten seine Worte aus, dass ich meine neue Frisur sofort bereute.

Warum hatte ich mir nur die Haare abgeschnitten?

Ich bemühte mich zu lächeln und meine Gefühle zu verbergen. Aber es gelang mir nicht, den Nachmittag noch zu genießen. Je mehr ich lachte, desto weniger Spaß hatte ich. Und ständig ertappte ich mich dabei, wie ich an meinen ungewohnt kurzen Haaren herumzupfte.

Keine Ahnung, warum ich das tat. Davon würden meine Haare auch nicht wieder länger werden. Ich schämte mich, weil ich das alles nur wegen dieses blöden Berichts über Wahrsagerei gemacht hatte. Eine tiefe Trauer überkam mich, und ich konnte nicht anders, als übertrieben zu lachen.

»Ich finde, du siehst auch mit kurzen Haaren hübsch aus.«

Es war Yoji, der das sagte, auf dem Heimweg an jenem Tag. Ich werde seine Worte niemals vergessen. Sie streichelten meine empfindsame Seele und zeigten so viel Güte und Sorge um mich. Mit meinem lauten Lachen hatte ich ein Notsignal ausgesendet. Und irgendwann, als es so aussah, als würde niemand mehr kommen, um mich zu retten, hatte ich sogar gedacht: *Das macht mir alles keinen Spaß mehr. Ich glaube, ich habe keine Lust, mich noch mal mit diesen Menschen zu treffen.*

Wenn ich so darüber nachdenke, war es damals ein wiederkehrendes Thema in meinem Leben, dass ich mich in Gruppen schnell ausgeschlossen fühlte. Aber Yojis Worte retteten mich an jenem Tag.

Ein Jahr verging, und meine Haare wuchsen, bis sie wieder ihre ursprüngliche Länge hatten. Ich weiß nicht genau, wann es passierte, aber irgendwann fanden sich die anderen in unserer Gruppe zu Paaren zusammen. Und eines Tages, nachdem das Rätselspiel vorbei war, gingen die beiden Pärchen ihrer Wege, und Yoji und ich blieben zu zweit zurück.

Normalerweise verschwand Yoji dann in einer Bahnstation und ich ging alleine zu einer anderen nicht weit entfernten Station. An dem Tag aber meinte Yoji: »Ich habe heute nichts mehr vor«, und begleitete mich. Es war Weihnachten und es schneite, was sonst so gut wie nie vorkam. Der Schnee knirschte bei jedem von Yojis Schritten. Ich ging neben ihm durch den Schnee. Dabei versuchte ich, nicht zu viel Abstand zu ihm zu lassen. Gleichzeitig achtete ich darauf, ihm nicht zu nahe zu kommen. Der Boden war so voller Schnee, dass ich mich vielleicht an ihn lehnen musste, wenn ich nicht aufpasste, und mir kam der Gedanke, dass mir das eigentlich ganz gut gefallen würde. Das Einzige, was ich sah, waren meine Füße, die durch den Schnee stapften.

»Lang steht dir auch gut«, meinte Yoji plötzlich ohne jede Vorwarnung.

»Was?«

Ich drehte mich zu ihm. Yoji zuckte nur mit den Schultern. Sein Atem dampfte weiß, und sein Blick war nach vorne gerichtet.

»Deine Haare.«

»Oh … Ach so.«

Ich nahm eine Strähne meiner nachgewachsenen Haare.

»Aber bedeutet das nicht, dass es dir eigentlich egal ist, wie lang ich sie trage?«, sagte ich. Meine Worte waren absichtlich provozierend, weil ich auf eine bestimmte Antwort von ihm hoffte.

»Klar. Beides sieht gut aus.«

»Beides?«

»Mir gefallen beide Frisuren.«

»Verstehe.«

»Ja.«

»Danke.«

Das war genau die Antwort, auf die ich gehofft hatte.

Lächelnd marschierten wir durch den Schnee. Ich war glücklich. Er hatte sich an den Tag vor einem Jahr erinnert. An den Tag, wo ich so gekränkt war und wo er mich gerettet hatte.

Offenbar schien Yoji darauf gewartet zu haben – darauf, dass meine Haare wieder nachgewachsen waren. Er achtete gerne auf solche Kleinigkeiten.

Später hörte ich, dass er vorhatte, mich um ein Date zu bitten, aber das wusste ich schon.

Deshalb bereue ich das Ganze auch so.

Er hatte mir in diesem Café sogar einen Heiratsantrag gemacht. Er hatte seine Gefühle offenbart, in der Hoffnung, dass ich akzeptieren würde. Aber ich hatte es einfach als selbstverständlich betrachtet, dass wir zusammen waren, wie ein verwöhntes Kind. Nie hätte ich gedacht, dass unsere Beziehung zu Ende gehen könnte. Aber dann endete sie doch. Und wenn das hier eine zweite Chance ist, dann möchte ich sie ergreifen und Yoji sagen, wie viel er mir bedeutet hat. Auch wenn sich die Gegenwart nicht ändern lässt.

Hikari wusste nicht genau, wie lange sie die um sie herumströmende Zeit beobachtet hatte. Es fühlte sich wie eine halbe Ewigkeit an und zugleich nur wie ein kurzer Moment. Wenn es wahr sein sollte, dass die Menschen beim Sterben ihr Leben an sich vorbeiziehen sahen, dann stellte sie sich das so ähnlich vor wie diesen kaleidoskopartigen Anblick, den sie soeben miterlebt hatte.

Oh …

Plötzlich bemerkte sie Yoji.

Er saß vor ihr, aber am Nachbartisch, was eine ungewohnte Distanz zwischen ihnen schuf. Dass sie nun auf dem Stuhl der weiß gekleideten Frau kauerte, die vor einem Jahr noch hinter Hikari gesessen hatte, kam ihr sehr seltsam vor. Aber noch seltsamer war es, Yoji, der doch tot sein sollte, lebendig vor sich zu sehen.

»Yoji!«

Hikari dachte nicht mehr an die Regeln und wollte automatisch aufstehen, obwohl sie dann sofort wieder in die Gegenwart zurückversetzt werden würde. Aber das Wiedersehen mit Yoji verdrängte alle anderen Gedanken aus ihrem Kopf.

Gerade noch rechtzeitig streckte Yoji die Hand aus und rief: »Warte! Du darfst nicht aufstehen!«

»Was?«

Einen Moment lang begriff Hikari nicht, warum Yoji so laut und so panisch gerufen hatte. Aber dann fielen ihr die Regeln wieder ein.

»Oh!«, rief sie und verlagerte ihr Gewicht sofort wieder auf ihren Hintern. Hätte Yoji sie nicht gewarnt, wäre sie gleich wieder in die Zukunft zurückgeworfen worden, ohne etwas erreicht zu haben.

»Das war knapp.«

Yoji wischte sich erleichtert über die Stirn.

»Wie bitte?«

Erneut war Hikari von dem, was soeben passiert war, völlig aus dem Konzept gebracht worden.

Yoji hat mich davor gewarnt, aufzustehen. Er muss also wissen, dass ich aus der Zukunft komme.

Panik überkam sie. Auch wenn Yoji die Regeln dieses

Cafés sehr gut kannte, könnte er doch unmöglich wissen, dass Hikari, die vor ihm auf diesem Stuhl saß, aus der Zukunft kam.

Wie war das möglich?

Und doch hatte Yoji sie soeben daran gehindert, aufzustehen. Wieso sollte er das tun, wenn er nicht wusste, dass sie aus der Zukunft kam? Und er hatte es ohne zu zögern getan.

»Ähm, vielleicht …«

Fragend sah Hikari zu Kazu hinüber, die hinter dem Tresen stand. *Hast du es ihm gesagt?*

Doch Kazu reagierte nicht auf Hikaris Blick. Sie tat so, als hätte sie nichts bemerkt, und verschwand in der Küche.

»He … warte …«

Hikaris Stimme erstarb. Eine solche Reaktion hatte sie von Kazu schon erwartet. Selbst wenn sie Kazu damals danach befragt hätte, hätte sie vermutlich nur unverblümt geantwortet, das sei nicht möglich. Schließlich hätte jemand in die Zukunft sehen müssen, um Hikaris Ankunft vorherzusehen. Und das hätte nicht mal Kazu vorhersagen können. Das sagte einem doch der gesunde Menschenverstand.

Woher wusste Yoji dann, dass ich aus der Zukunft komme?

Sie drehte den Kopf wieder zu ihm. Er war bereits aufgestanden und kam an ihren Tisch. Ihr Verstand war so sehr damit beschäftigt, eine Erklärung für das alles zu finden, dass sie völlig vergaß, was sie ihm hatte sagen wollen. An ihrem Tisch angekommen, setzte sich Yoji ohne zu zögern auf den Stuhl ihr gegenüber. Ihre Blicke trafen sich.

Hikari betrachtete ihn nervös, aber aus irgendeinem Grund lächelte er glücklich.

Was? Will er mir etwa wieder einen Antrag machen?

Noch als sie das dachte, wusste sie, dass das nicht möglich war.

Nein, das kann nicht sein. Wenn ich mich recht erinnerte, war Yoji viel zu nervös, um so zu lächeln, als er mir den Antrag gemacht hat.

Hikari fand keine Erklärung dafür, warum Yoji so gut gelaunt war, als er nun vor ihr saß.

»Also, ähm …«

Völlig verwirrt fing Hikari an zu reden. Zuerst musste sie wissen, ob sich *dieser Moment* vor oder nach dem Antrag abspielte. Wenn es vor dem Antrag war, würde sie einfach den Ring annehmen, den er ihr präsentierte. Wenn es allerdings danach war, würde alles recht kompliziert werden.

Sie würde erklären müssen, warum sie den Antrag beim ersten Mal abgelehnt hatte – und ihre Gründe würden überzeugend klingen müssen. Sie hatte das alles auf sich genommen, obwohl sich die Gegenwart nicht mehr ändern ließ, und sie wollte jetzt auf keinen Fall, dass es zwischen ihr und Yoji noch komplizierter wurde.

Wir dürfen keine Zeit verschwenden.

»Woher wusstest du, dass ich aus der Zukunft komme?«

Der Kaffee kühlt so schnell ab, da kann ich nicht um den heißen Brei herumreden.

Sie schluckte. Ihr Atem ging flach, und ihr Herz schlug schneller.

Nichts, was ich sage, kann die Gegenwart verändern. Ich habe keinen Einfluss darauf.

Obwohl sie das wusste, wurde ihre Angst immer größer. Sie verfolgte einen Plan, und vielleicht würde ihr Gespräch schmerzlich für Yoji sein. Doch er schien sich an ihrer unvermittelten Frage nicht zu stören. Ganz im Gegenteil.

»Ich habe auf dich gewartet«, erwiderte er glücklich.

»Wie bitte?«

»Ich habe darauf gewartet, dass du aus der Zukunft hierherkommst.«

Hikari versuchte zu begreifen, was Yoji da sagte.

»Gewartet? … Auf mich?«

»Ja.«

»Das verstehe ich nicht. Warum solltest du das tun?«

»Ich habe dir doch gesagt, dass ich warten würde – weißt du nicht mehr?«

Hikari legte den Kopf schief. Sie wusste nicht genau, wovon Yoji da redete.

»Hör zu, für mich hat das Ganze erst vor Kurzem stattgefunden.«

Vor Kurzem erst?

»Als Antwort auf meinen Antrag hast du gesagt, du wolltest dich noch ein bisschen auf deine Arbeit konzentrieren. Erinnerst du dich?«

Meine Arbeit?

Hikari starrte ins Leere. Der hölzerne Deckenventilator drehte sich, und die drei großen Standuhren zählten die Stunden mit einem deutlich vernehmbaren Ticken herunter.

»Oh.«

An diesem Tag hatte Yoji tatsächlich gesagt, er würde warten.

Aber das …

»Was? … Moment mal! … Hast du das gemeint, als du sagtest, du würdest warten?«

Ich dachte, er würde warten, bis ich mit meiner Arbeit zufrieden war!

»War das so gemeint, dass du hier, in diesem Café, wartest, bis ich aus der Zukunft zu dir komme?«

»Ganz genau.«

Hikari wusste nicht, was sie auf diese Antwort sagen sollte. Sie öffnete den Mund und schloss ihn wieder.

»Du denkst vielleicht, ich lüge, aber das stimmt nicht. Aus diesem Grund habe ich dir dieses Café doch gezeigt. Ich dachte, wenn mein Antrag keinen Erfolg hat, könnte ich hier warten, bis du aus der Zukunft zu mir kommst.«

»Das ist doch total verrückt.«

»Na gut, dann lass mich dir eine Frage stellen: In deiner Zukunft bin ich bereits tot … nicht wahr?«

Yoji sprach das Unaussprechliche aus und verzog dabei keine Miene. Er klang, als würde er sich nach einer Party erkundigen, zu der er nicht hatte gehen können.

»Was? … Was sagst du da? …« Ihre Stimme brach.

Tränen sammelten sich in ihren Augen, und Wut brodelte in ihr. Sie brachte es nicht übers Herz, auf diese Frage mit Ja zu antworten. Wie konnte er es wagen, danach zu fragen, wo er doch wissen müsste, dass sie darauf nicht antworten konnte. Sie zitterte, und ihre Zähne fingen an zu klappern.

»Es tut mir leid, es tut mir leid.«

Yoji lächelte entschuldigend. Hikari begriff nicht, wie er die ganze Zeit so fröhlich sein konnte.

Yoji hat mich hierhergebracht, weil er wusste, dass er sterben würde.

»Und? Was habe ich damals gesagt?«

»Von welcher Zeit redest du?«

»Von dem Moment, als ich dich verlasse.«

»So weit hast du das alles geplant?«

»Ja, ich werde dich verlassen, wenn ich sicher weiß, dass sich mein Zustand verschlechtern wird.«

Für Hikari war es die Vergangenheit, doch für Yoji war

es das, was vor ihm lag. Es schmerzte Hikari, ihn in der Zukunftsform über sich selbst sprechen zu hören. Es fiel ihr schwer, das alles zu glauben, aber wenn das die Wahrheit war…

Und ich habe die ganze Zeit nur an mich gedacht.

Hikari schloss die Augen, voller Reue über vergangene Worte und Taten, auf die sie nicht stolz war.

»Also, was habe ich gesagt?«

Interessiert schaute Yoji sie an.

»Du hast gesagt, du hättest eine andere kennengelernt.«

»Ach, dann habe ich mich tatsächlich dafür entschieden!«, rief er so laut, dass es durch den Raum hallte, und lehnte sich auf seinem Stuhl zurück.

Mit frostigem Gesicht beobachtete Hikari Yojis Reaktion.

»Ich habe lange darüber nachgedacht.«

»Worüber?«

»Welchen Grund ich dir für die Trennung sagen soll. Eine Idee war, dir zu weiszumachen, ich hätte die hier verloren, und damit einen heftigen Streit zu provozieren.«

Yoji zog den linken Ärmel hoch und zeigte eine Uhr mit einem Lederarmband. Ein Geburtstagsgeschenk von ihr. Eine Woche war sie nach der Arbeit durch verschiedene Geschäfte gezogen, weil sie sich nicht sicher war, welche Uhr ihm am besten stehen würde. Hätte er ihr gesagt, er hätte sie verloren, hätte sie bestimmt gefragt, wo das passiert sei, aber vermutlich hätte sie deshalb keinen Streit angefangen.

»Kannst du dir vorstellen, dass ich sogar überlegt habe, dir zu sagen, ich hätte Schulden bis zum Hals, oder dich zu bitten, in eine neue Geschäftsidee zu investieren?«

Yoji lachte in sich hinein, als könnte er es kaum fassen, dass er sich so was Verrücktes ausgedacht hatte.

»Ich habe auch daran gedacht, einfach zu verschwinden, ohne mich noch mal bei dir zu melden.«

Bei diesen Worten sah er Hikari mit einem traurigen Lächeln an. Sie überlegte, dass er im Moment wohl dieser Trennungsstrategie den Vorzug gab.

»Aber offenbar habe ich mich für die andere Ausrede entschieden. Ich habe dir gesagt, ich hätte eine andere kennengelernt. Hmm. Verstehe.«

Yoji nickte zustimmend. Es schien, als wollte er sich selbst von den Vorzügen dieser Ausrede überzeugen. Vielleicht war er auch einfach erleichtert, dass er sich nicht dafür entscheiden würde, Hikari zu ghosten.

Er sprach weiter: »Und wie hast du es aufgenommen, als ich dir sagte, es gäbe eine andere, obwohl ich dir davor noch versprochen hatte, ich würde warten?«

»Ich war ehrlich gesagt zu verblüfft, um darauf zu reagieren«, erwiderte Hikari aufrichtig.

»Ja, das verstehe ich.«

Wieder lachte Yoji leise. Es war deutlich zu spüren, dass er viel darüber nachgedacht hatte, wie er Hikari dazu bringen könnte, in die Vergangenheit zu kommen, nachdem sie von seinem Tod erfahren hatte.

Hikari zog ein frustriertes Gesicht.

»Warum hast du nichts gesagt?«

»Über meine Krankheit?«

»Du hättest es mir sagen müssen.«

»Aber wie hättest du dann Nein sagen können?«

Ich kann nicht mehr atmen. Er hat recht. Hätte er mir von seiner Krankheit erzählt, als er mir den Heiratsantrag machte – wie hätte ich mich da weigern können? … Ich war nicht bereit für eine Hochzeit, und mir fehlte die Überzeugung, den Rest meines Leben mit Yoji verbringen zu können. Meine Arbeit war nur eine Ausrede … Aber wenn er mir von der Krankheit erzählt hätte, hätte ich vermutlich Ja gesagt … vielleicht aus Mitleid. Das zu wissen, hätte mich daran gehindert, eine eigene Entscheidung zu treffen. Wie hätte ich Nein sagen können … Und hätte ich den Antrag trotzdem abgelehnt, hätte ich noch lange nach Yojis Tod unter Schuldgefühlen gelitten und mich ständig gefragt, warum ich ihn damals nicht geheiratet hatte.

Die Entscheidung wäre ein Fluch für sie geworden.

Und genau das hatte Yoji vorhergesehen. Er kannte Hikari gut genug, um zu wissen, dass sie in diesem Fluch gefangen gewesen wäre.

»Deshalb dachte ich, dass ich am besten hier warte.«

Yoji hat darauf gewartet, dass ich aus eigenem Antrieb hierherkomme, um ihn zu sehen … Ich wäre nicht gekommen, wenn er nur irgendein Typ gewesen wäre, der sich wegen einer anderen von mir getrennt hat. Etwas in mir … etwas, das ich nicht benennen kann … hat mich hierhergeführt. Ein Grund ist sicherlich mein Bedauern, dass ich ihm nicht offen gesagt habe, was ich fühle. Ein anderer Grund ist mein Wunsch, die Wahrheit zu erfahren.

»Hätte es denn keine andere Möglichkeit gegeben?«

»Ich weiß es nicht. Vielleicht. Hätte ich dieses Café nicht gekannt, wäre es mir vielleicht nicht möglich gewesen, meine Krankheit so lange geheim zu halten. Vielleicht hätte ich dich trotzdem gebeten, mich zu heiraten … selbst wenn ich damit keine Rücksicht auf deine Gefühle genommen hätte. Aber hätte ich das getan, hätte ich es sicher noch vor meinem Tod bereut.

Je näher ich dem Sterben kam, desto weniger hätte ich deinen Gefühlen getraut. Jedes Mal, wenn du ein bedrücktes Gesicht gezogen hättest, hätte ich alles möglich hineininterpretiert. Am Ende hätte ich dir vielleicht vorgeworfen, mich nur aus Mitleid geheiratet zu haben, weil ich todkrank bin.

Diese Vorstellung war einfach zu schrecklich. Ich wollte nicht, dass es so kommt. Ich will dich einfach nur glücklich sehen … Ich wollte dich einfach nur glücklich machen.

Aber wenn ich an dir gezweifelt hätte, hätte das meine Gefühle für dich beschmutzt, und ich hatte Angst, dass es mir dann nicht mehr möglich wäre, in Frieden zu sterben. Deshalb habe ich darauf gehofft, dass du beschließt, hierherzukommen und mich zu treffen.«

»Oh …«

»Hör zu, es tut mir leid«, sagte Yoji und verbarg seine Augen hinter seinen Händen. Der Tisch war leicht feucht.

»Ich wollte das nicht sagen. Ich hab's verbockt.«

Hikari beobachtete, wie Yoji schniefend den Kopf hob. *Die Regeln dieses Cafés sind so grausam.*

Wie sehr man sich auch bemüht – die Gegenwart lässt sich nicht ändern. Yoji kannte diese Regel, und deshalb weinte er. Dass sie hier war, bedeutete, dass er dem Tod nicht entkommen war.

Trotzdem ist ein Teil von mir froh, dass ich in die Vergangenheit zurückgegangen bin. Hätte ich das nicht getan, hätte ich nie von Yojis wahren Absichten erfahren und auch nicht von seinem Leiden … Er hat versprochen, er würde auf mich warten, und dann hat er mich verlassen und gesagt, es gäbe eine andere Frau … Ich hatte schon angefangen, mir das selbst einzureden, damit ich ihm vergeben kann.

»Was hättest du getan, wenn ich nach unserer Trennung einen anderen kennengelernt hätte?«

Eigentlich hatte Hikari diese Frage gar nicht stellen wollen. Es gab viel Wichtigeres zu besprechen. Sie wusste sogar schon, was Yoji darauf antworten würde. Aber sie fragte trotzdem.

»In dem Fall solltest du natürlich mit diesem anderen Menschen glücklich werden. Warum solltest du dich dann noch um einen Mann scheren, der mit einer anderen Frau anbandelte, obwohl er doch warten wollte?«

Ja. Genau diese Antwort habe ich erwartet.

Mittlerweile ließ sich schwer sagen, ob Yoji weinend lachte oder lachend weinte.

»Du bist echt egoistisch, weißt du das?«

Das meine ich nicht so. Warum sage ich immer noch so fiese Dinge zu ihm, selbst jetzt, wo ich doch weiß, wie viel Gedanken er sich um mich gemacht hat.

»Tut mir leid.«

Du musst dich nicht entschuldigen. Ich müsste es.

Aber.

»Ich wünschte trotzdem, du hättest es mir gesagt. Ja, vielleicht hätte ich dich aus Mitleid geheiratet. Trotzdem hätte ich gerne mit dir zusammen gelitten. Vielleicht hätte ich viele schlaflose Nächte erlebt und Angst gehabt, du könntest sterben, und vielleicht hätte ich vieles an dir entdeckt, was mir nicht gefällt. Aber trotzdem wünschte ich, ich wäre an deiner Seite gewesen. Ich hätte gerne deine Gefühle mit dir geteilt – deine wahren Gefühle.«

»Es tut mir leid.«

»Was soll ich denn jetzt tun? Was kann ich nur tun?«

Hikari schlug die Hände vors Gesicht und fing an zu weinen. Yoji sah sie an, streckte sanft die Hand aus und legte sie an ihre Kaffeetasse. Kurz wurde seine Miene ganz ernst, und er biss sich auf die Lippen.

Dann zog er eine kleine Ringschachtel aus seiner Jackentasche und stellte sie neben die Tasse. »Hier.«

Hikari sah die Schachtel durch die Lücken zwischen ihren Fingern und fing nur noch mehr an zu weinen.

»Ich möchte, dass du ihn nimmst.«

»Aber du weißt, dass sich die Gegenwart nicht ändern lässt?«

»Ich weiß.«

»Selbst wenn ich Ja sage, wird es nie eine Hochzeit geben. Das weißt du?«

»Ja. Das ist okay.«

»Du bist so ein Schuft. Wie könnte ich da Nein sagen?«

»Ja. Es tut mir leid. Offenbar musst du immer leiden, ganz egal, was ich tue. Es tut mir wirklich sehr leid. Ich benehme mich einfach nur egoistisch, das weiß ich… Aber trotzdem.«

»Du bist so egoistisch.«

»Hikari, willst du …«

»Viel zu egoistisch!«

»… meine Frau werden?«

Yojis Augen waren das Schönste, was sie je gesehen hatte. Und sie wollte so gerne Ja sagen, aber sie konnte nicht. Denn selbst wenn sie es tat, würde sie in die Gegenwart zurückkehren müssen. Und Yoji würde mit der Vergangenheits-Hikari leben, die von dem Ganzen nichts wusste.

Das ist so grausam.

»Ich hasse das.« Hikari schaute zur Decke. Sie legte die Hände auf die Augen in dem vergeblichen Versuch, die Tränen zurückzuhalten.

»Und am meisten hasse ich, dass du sterben wirst.«

Als sie die Nachricht von Yojis Tod erfahren hatte, war ihr Kopf wie benebelt gewesen. Während alle anderen bei der Beerdigung weinten, hatte sie als Einzige keine Träne vergossen.

Sie hatte immer noch so unter Schock gestanden von seiner Enthüllung, er hätte eine andere kennengelernt – obwohl er doch gesagt hatte, er würde warten. Sie hatte ihm geglaubt und war fest entschlossen gewesen, nicht um diesen Kerl zu weinen, der so selbstsüchtig mit ihr Schluss gemacht hatte und dann so selbstsüchtig einfach gestorben war.

Dabei waren ihr ihre echten Gefühle durchaus bewusst gewesen.

Ich will nicht, dass du stirbst.

»Ich möchte dich richtig heiraten …«

Nun schluchzte Hikari laut wie ein kleines Kind.

»Ist das deine Antwort? Das passt so gut zu dir.«

Yoji lachte immer noch.

Ich bin sturköpfig. Ich bin nicht ehrlich. Ich weiß.

Yoji nahm den Ring aus der Schachtel und nahm Hikaris linke Hand.

»In den nächsten sechs Monaten werde ich dir nicht sagen können, was heute passiert ist. Selbst wenn ich versuche, es dir zu erzählen, wirst du mir nicht zuhören, oder selbst wenn du es tust, wirst du mir nicht glauben. Das liegt an den Regeln des Cafés. Trotzdem bin ich froh, dass ich nun weiß, wie du empfindest. Das macht mich sehr glücklich. Ich bereue es nicht, dich getroffen zu haben; ich bereue es nicht, dass ich dich heiraten will, und ich bereue es nicht, dass ich dir einen Heiratsantrag mache. Auf diese Weise werde ich mit einem Lächeln leben können.«

Und dann schob er langsam den Ring auf Hikaris linken Ringfinger.

Piep, piep, piep, piep, piep …

»Oh.«

Der Rührstab in der Tasse piepte. Er erfüllte seine Aufgabe und schlug Alarm, bevor der Kaffee zu kalt wurde.

»Ich vermute, es wird Zeit für dich.«

»Yoji.«

»Du musst den Kaffee austrinken.«

Hikari drückte den Ring an ihrem Finger an ihre Brust, als wollte sie ihn umarmen. Es widerstrebte ihr, nach der Tasse zu greifen.

»Schnell.«

»Nein.«

Warum bin ich nur so stur? Wie nervig das wirken muss. Selbst jetzt mache ich ihm Ärger. Ich will nicht austrinken, obwohl ich weiß, dass er leiden wird, wenn ich es nicht tue.

»Oh Junge«, seufzte Yoji laut.

Selbst jetzt noch lächelte er. Vielleicht hatte er schon geahnt, dass so etwas passieren würde.

»Du weißt schon, dass ich, wenn du nicht zurück in die Zukunft gehst, hier in dieser Welt mit zwei Hikaris klarkommen muss, ja? Wenn das passiert, wird die Hikari, die hier ist, eifersüchtig sein, weil du den Ring hast, und du wirst ihr gegenüber ständig damit herumprahlen, nicht wahr? Bitte mach das nicht – ich kann es mir nicht leisten, noch einen so teuren Ring zu kaufen. Dass ich den Ring dir gegeben habe, wird mein Geheimnis bleiben, deshalb geh bitte wieder in die Zukunft zurück. Einfach so.«

Yoji legte die Hände wie zum Gebet zusammen. Offenbar hatte er schon gewusst, was passieren würde, wenn der Kaffee kalt war. Aber er hatte ja auch vorhergesehen, dass Hikari aus der Zukunft zu ihm kommen würde.

Wenn er ihr mit strengen Worten befahl zu gehen, würde sie aus lauter Starrsinn bleiben.

Aber wie konnte sie ihm diesen Wunsch verweigern, wenn er Witze machte, obwohl er doch wusste, dass er bald sterben würde?

Dieser Gedanke half ihr zu erkennen, dass sie es bereuen würde, wenn sie nicht zurückkehrte.

Piep, piep, piep, piep, piep …

Piep, piep, piep, piep, piep …

Eine zweite Warnung. Diesmal klang sie drängender. Die Zeit war gleich um.

»Ahhh … Ah!«

Sie schrie, um sich aus diesem ganzen Gefühlschaos zu befreien. Aber sie konnte sich immer noch nicht entscheiden.

»Ahhh … Ah!«

Sie schaute zur Decke und schrie erneut, noch lauter diesmal.

»Wenn du darauf bestehst, bleibt mir ja nichts anderes übrig«, schrie sie.

Sie wischte sich mit dem Handrücken die Tränen weg und nahm die Tasse. Der Kaffee fühlte sich deutlich kühler an als der, den man ihr vor ihrem Ausflug in die Vergangenheit serviert hatte. Diese Tasse war tatsächlich fast völlig erkaltet.

Es blieb keine Zeit mehr.

»Sei nett zu mir, bis zur letzten Minute, bevor wir uns trennen.«

»Natürlich.«

Oh.

Bei diesen Worten fiel ihr plötzlich etwas ein.

Meine Trennung von Yoji kam ganz plötzlich. Und der Grund dafür war vielleicht diese Bitte von mir. Ich verstehe. Yoji hatte einen guten Grund für seinen unerwarteten

Verrat. Und vielleicht war am Ende ich selbst dafür verantwortlich. Damals habe ich mir nur vorgestellt, was Yojis Handlungen bedeuteten, und war wütend darüber.

Hikari kicherte.

»Bis dann«, sagte sie und kippte den Kaffee in einem Schluck hinunter.

Ein starker, säuerlicher Geschmack brannte in ihrer Kehle. Sobald sie die Tasse auf den Untersetzer stellte, wurde ihr vom Kopf bis zu den Füßen ganz schwummerig zumute.

Im nächsten Moment schwebte sie langsam nach oben, während ihre Umgebung nach unten davontrieb.

»Oh.«

Sie trieb in zwei Metern Höhe und schaute von der Decke auf Yoji hinunter. Nach wie vor spürte sie ihren Körper, aber als sie ihre Hand bewegen wollte, war da nichts als Dunst.

»Yoji!«

»Hikari!«

Yojis Stimme klang selbst jetzt noch so liebevoll.

»Danke, Yoji!

Danke, dass du mich kennengelernt hast!

Danke, dass du mich geliebt hast!

Danke, dass du auf mich gewartet hast!

Leider konnte ich am Ende nichts für dich tun, aber ich bin trotzdem froh, dass ich gekommen bin!«

»Ja.«

»Danke, dass du mich heiraten wolltest! Vielen, vielen Dank!«

»Nein, ich danke dir! Auch wenn es nur der kurze Moment war, bis der Kaffee kalt wurde …«

»Was?«

Yojis Stimme klang abgehackt, wie ein schlechtes Rundfunksignal.

»... aber ich bin so froh, mit dir verheiratet gewesen zu sein.«

Bei diesen Worten verschwanden Yojis Stimme und sämtliche Spuren von ihm im Strom der Zeit.

»Yoji!«

Hikaris Stimme erreichte ihn schon nicht mehr.

Trotzdem rief sie weiter seinen Namen.

Und dann stand auf einmal die Frau im weißen Kleid vor ihr. Ihre Hände, die zuvor nur schemenhafter Nebel gewesen waren, fühlten sich wieder normal an.

»Das ist mein Platz«, erklärte die Frau mit seltsam leiser Stimme.

»Oh, entschuldigen Sie.«

Eilig gab Hikari den Stuhl frei.

Beim Aufstehen stützte sie sich mit der Hand auf dem Tisch ab. Ein lautes Klacken ertönte. Am Ringfinger der linken Hand trug sie immer noch den Ring, den Yoji ihr angesteckt hatte.

»Oh!«

Dann war es also kein Traum gewesen. Nicht, dass sie daran gezweifelt hätte. Trotzdem, ohne den Ring hätte man durchaus meinen können, sie hätte sich alles nur eingebildet. Sie musste selbst zugeben, dass sich das alles sehr unglaubwürdig anfühlte, selbst jetzt noch.

Aber der Ring ist echt.

Er war der Beweis dafür, dass sie Yojis Antrag angenommen hatte. Die Lüge von der anderen Frau, die er ihr erzählt hatte, und die Schritte, die er unternommen hatte, um nett zu ihr zu sein, bis sich ihre Wege trennten – das hatte er alles nur getan, um sein Versprechen ihr gegenüber zu erfüllen. Der Ring an ihrem Ringfinger war wie ein unsichtbarer Faden, der Yoji und Hikari durch die Zeit miteinander verband.

»Wie war es?«, erkundigte sich Kazu, als sie die leere Tasse wegräumte.

Kurz danach war sie schon wieder in der Küche verschwunden. Alles, was man hörte, war das *Ticktack, Ticktack* der drei Pendeluhren. Die Frau im weißen Kleid saß nun wieder mit ihrem Buch auf dem Stuhl, der einen durch die Zeit beförderte.

Nagare stand mit verschränkten Armen hinter dem Tresen.

Ich bin wieder da.

Hikari schloss die Augen und konnte immer noch Yoji vor sich sehen, mit dem sie gerade eben noch hier in diesem Café gesessen hatte.

Yoji hat bis zum Schluss gelacht.

Am liebsten wäre Hikari wieder in Tränen ausgebrochen, aber sie biss sich auf die Lippen und riss sich zusammen.

Ich werde nun auch mit einem Lächeln leben.

Hikari nahm ihren Mantel, der über der Stuhllehne hing, und ging zur Kasse.

»Danke«, sagte Kazu zum Abschied.

»Im Gegenteil, ich danke Ihnen«, erwiderte Hikari.

Ich bin so froh, dass ich gekommen bin.

Noch einmal sah sich Hikari in dem Café um.

Bei ihrem ersten Besuch hier war sie davon überzeugt gewesen, nie wieder einen Fuß in dieses schäbige, etwas unheimliche Café zu setzen. Aber nun schien es beinahe zu leuchten.

»Oh, fast hätte ich es vergessen.« Plötzlich kam ihr ein Gedanke. »Wisst ihr, was Yoji sagte, als er mich damals hierhergeführt hat?«, fragte sie Nagare und Kazu.

Nagare riss eines seiner schmalen Augen auf und brummte sein gewohntes: »Mmm.«

Kazu schwieg und legte den Kopf leicht schief.

Hikari kicherte. Sie wusste, wie merkwürdig diese Frage klingen musste. Sie kam so unvermittelt, und bestimmt war es den beiden auch ziemlich egal.

Trotzdem wollte sie es ihnen sagen.

»Yoji sagte zu mir: Ich kenne ein Café, das dich glücklich machen wird. Hättest du Lust, mit mir dort hinzugehen?«

An dem Tag hatte ich bei diesen Worten einfach nur ein schlechtes Gefühl. Aber jetzt ist es anders. Yoji muss sich da schon vorgestellt haben, wie es mir jetzt geht. Und es ist genau so gekommen, wie er gesagt hat.

»Ach wirklich?«, sagte Kazu mit einem leichten Lächeln und zog sich in die Küche zurück.

»Er scheint ein toller Freund zu sein«, sagte Nagare.

»Oh, das ist er nicht«, wehrte Hikari schroff ab.

Dann streckte sie ihm ihre linke Hand hin, worauf er mehrmals blinzelnd darauf starrte.

An ihrem Ringfinger glänzte ein silberner Ring.

»Er ist mein Mann.«

»Oh, dann muss ich mich wohl korrigieren.« Nagares schmale Augen leuchteten bei Hikaris fröhlicher Verkündigung, und er nickte höflich.

Ding, dong.

Hikari verließ das Café und stapfte durch den knirschenden Schnee in Richtung Bahnhof.

Es war wieder Weihnachten.

Sie erinnerte sich daran, wie Yoji und sie an jenem Abend zusammen diesen Weg gegangen waren.

KNIRSCH … KNIRSCH … KNIRSCH

DIE TOCHTER

Michiko Kijimoto war stinksauer.

Hatte sie sich nicht absichtlich für die Universität in Tokio entschieden – weit entfernt vom kleinen Hafen Yuriage in der Stadt Natori in der Präfektur Miyagi –, um der lästigen Einmischung ihres Vaters zu entkommen? Und doch war er hier und sah sich missbilligend zu ihr um.

Sein Name war Kengo Kijimoto.

Sie befanden sich in einem Café namens Funiculi Funicula, zwei Stationen von der Universität entfernt. Michiko war bereits einmal in diesem Café gewesen. Damals hatte sie es wegen des fahlen Lichts und der fehlenden Fenster deprimierend gefunden.

Ich hätte nie gedacht, dass ich noch einmal herkommen würde.

Aber genau das war der Grund, weshalb sie es für das Treffen mit Kengo gewählt hat. In einem belebteren Café wäre sie möglicherweise Bekannten begegnet. Aber sie wollte nicht mit ihrem Hinterwäldler von Vater gesehen werden.

»Isst du auch ordentlich?« Seine Stimme klang heiser und einschüchternd.

Allzu oft schon war sie von dieser Stimme gemaßregelt worden. Als ihre Mutter noch am Leben war, hatte ihr das allerdings nicht viel ausgemacht.

Michikos Mutter, eine Frau mit rundem Gesicht, hatte viel gelacht und großzügig Lob gespendet. An Geburtstagen hatte sie Kuchen gebacken und während des Shichi-Go-San-Festes jede Menge Fotos von Michiko im Kimono gemacht und diese im ganzen Zimmer aufgehängt.

Wenn Michiko in einem Test hundert Prozent erreichte, brachte ihre Mutter eine riesige Menge an Oktopus-Bällchen – *Takoyaki* – mit, die Michiko über alles liebte. Und wenn Michiko dann protestierte, sie könne nicht mehr, lachte ihre Mutter und meinte nur: »Eines noch, nur noch eines!«

Michiko liebte ihre Mutter.

Aber jetzt ist Mama tot.

Seit sie nur noch mit Kengo lebte, gab es an Geburtstagen keinen Kuchen mehr, keine Erinnerungsfotos und keine Takoyaki zur Belohnung für gute Schulnoten.

Das Einzige, wovon es mehr gab, waren die Nörgeleien.

»Mach deine Hausaufgaben.«

»Jetzt beeil dich und geh ins Bett.«

»Bleib nicht so lange auf wegen irgendeines Unfugs.«

»Wähle deine Freunde klug aus.«

»Zieh das nicht an.«

»Nein, das ist nicht gut.«

»Das kann ich nicht erlauben.«

Obwohl sie von ihrem Heimatort Yuriage an die Universität in Tokio gegangen war, um von ihm loszukommen, saß ihr der verhasste Vater nun gegenüber.

»Gehst du zu Vorlesungen und lernst fleißig?«

Michiko seufzte laut und wandte den Kopf ab.

»Michiko.«

»Was willst du damit sagen? Dass ich das alles tun soll, weil du die teuren Studiengebühren bezahlen musst?«

»Wer hat denn davon geredet?«

»Na ja, das ist doch genau, was du sagst. Du tauchst aus heiterem Himmel hier auf und belästigst meine Professoren, um mich anzurufen.«

»Das ist doch nur, weil du …«

Michiko sah ihn finster an.

Weil ich dich kein einziges Mal angerufen habe, stimmt's?

Sie wusste, was er sagen wollte.

Kengo murmelte: »Entschuldige«, und senkte den Blick.

»Sind wir dann fertig?«

Sie waren erst seit fünfzehn Minuten zusammen.

Michiko wollte diesen seltsamen Ort so schnell wie möglich wieder verlassen; deswegen griff sie nach der Tüte mit Mitbringseln, die Kengo ihr gegeben hatte, und stand auf.

»Michiko.«

Sie war schon mit raschen Schritten auf dem Weg zum Ausgang, als sie stehen blieb.

»Was denn? Ist noch etwas?«

Ich glaube allerdings, dieses Hin und Her ist reine Zeitverschwendung.

Diesmal biss sich Michiko auf die Zunge, aber die Falten auf ihrer Stirn ließen ihre Gefühle erkennen.

Kengo wandte die Augen ab, um ihren angewiderten Blick nicht sehen zu müssen, und sagte: »Wenn du ein Problem hast, dann sage mir das einfach, okay? Ganz egal, was es ist. Behalte es nicht für dich …«

BAMM!

Plötzlich gab es im Café einen lauten Knall.

Kengo machte große Augen, als er die für Michiko bestimmten Mitbringsel vor seinen Füßen liegen sah.

Sie hatte die ganze Tüte auf den Boden geworfen.

»Genau das ist es, was ich hasse! Verstehst du das nicht? Ich bin schon fast zwanzig, begreifst du das nicht? Ich bin kein Kind mehr! Ich will, dass du aufhörst, so in meinem Leben herumzupfuschen! Was glaubst du, warum ich nach Tokio an die Universität gegangen bin? Weil ich es nicht ausstehen kann, wie du dich ständig einmischst.«

Da Michiko, Kengo und die Frau im weißen Kleid ganz hinten im Raum die einzigen Gäste im Café waren, hatte Michiko ohne Bedenken die Stimme erhoben.

Sie wusste, dass ihn das verletzen würde. *Und das ist auch gut so,* dachte sie.

»Warum begreifst du das nicht?«

Sie hatte keinerlei Verständnis für ihren Vater, der ihr ständig predigte, was sie tun und was sie lassen sollte.

Sie wollte nur, dass er so schnell wie möglich wieder verschwand.

»Es tut mir leid«, murmelte Kengo betroffen.

»Geh einfach wieder nach Hause.« Wenn sie ihn so niedergeschlagen sah, wurde sie nur noch wütender. »Geh nach Hause!«

Kengo erhob sich langsam von seinem Stuhl, ging in die Hocke und hob die vor seinen Füßen verstreuten Dinge auf. Dabei wischte er demonstrativ Staub ab, der gar nicht da war, und steckte den mit Pudding gefüllten Biskuit, die in Bambusblätter gewickelten Fischfrikadellen, den weichen Klebreis mit jungen Sojabohnen und die Packung mit Takoyaki nacheinander wieder in die Papiertüte.

Es waren alles Dinge, die Michiko gerne mochte. Er hielt ihr die Tüte hin, aber sie nahm sie nicht an.

Kengo sah Michiko traurig an. Sie hatte sich weggedreht, ohne ihm in die Augen zu sehen. Dann verließ er mit hängenden Schultern das Café.

Ding, dong.

»… und das war vor sechs Jahren«, schloss Michiko ihre Erzählung und blickte feierlich auf.

»Vor sechs Jahren?«

Der sich dies durch den Kopf gehen ließ, war Nagare Tokita, der Besitzer des Cafés.

»Sie sind aber eine schlechte Tochter«, bemerkte Nana Kohtake, die an der Theke saß und keine Lust hatte, ein Blatt vor den Mund zu nehmen. Sie arbeitete in einem Krankenhaus in der Nähe als Krankenschwester und war im Café häufig zu Gast.

»Frau Kohtake. Bitte.«

»Was denn?«

Nagare gab Kohtake lautlos zu verstehen, nicht so unhöflich zu sein, aber anstatt zu reagieren, schlürfte sie ungerührt ihren Kaffee.

Michiko wirkte etwas beschämt, möglicherweise infolge von Kohtakes Bemerkung.

»Ich habe gehört, hier könnte ich in der Zeit zurückreisen?«, fragte sie nun. Damit war sie zur Sache gekommen.

Nagare, der nicht wusste, was er sagen sollte, wechselte einen Blick mit Kohtake. Michiko war angesichts dieser Reaktion nicht ganz wohl.

Das bedeutet wohl, dass es nicht stimmt.

Tief in ihrem Innern hatte sie nie wirklich daran geglaubt.

Aber wenn es doch möglich wäre, wenn ich in der Zeit zurückreisen könnte …

Das war der Gedanke, der sie hergeführt hatte.

Es gab einen Grund, weshalb sie zurückreisen wollte – nein: *musste*.

»Es *ist* doch möglich, oder?«

Sie hatte lauter als erwartet gefragt. Nagare kratzte sich nur verwirrt an der Schläfe.

»Also, ist es nun möglich?«

Sie war nun noch aufgeregter. Aber Nagare war immer noch nicht mitteilsam. Sie blickte ihn finster an.

»Was würden Sie denn tun, wenn Sie in die Vergangenheit reisen könnten?«, fragte Kohtake.

Ihrem Tonfall nach wusste sie bereits, was Michiko antworten würde.

»Ich möchte meinen Vater retten.«

»Retten?«

»Ja, nur drei Tage nachdem ich ihn hier aus dem Café weggeschickt habe, vor sechs Jahren. Das Erdbeben …«

Mehr brachte sie nicht heraus. Ihr Bedauern hatte nie nachgelassen, auch nicht nach sechs Jahren.

»Wenn ich ihn nur an diesem Tag nicht abgewiesen hätte …«

Am 11. März 2011 ereignete sich das stärkste Erdbeben der japanischen Geschichte. Die Große Erdbebenkatastrophe Ost-Japans.

Auch nach sechs Jahren waren die Verwüstungen durch diese Katastrophe allen hier noch in frischer Erinnerung. Nagare fehlten die Worte, und Kohtake blickte zur Seite und schwieg.

Nur Kazu Tokita sah Michiko unverwandt an. Kazu war die Bedienung im Café. Ihre Aufgabe war, den Kaffee für die Reise in die Vergangenheit einzuschenken. Sie hatte helle Haut und feine, mandelförmige Augen, ansonsten aber keine auffälligen Merkmale.

Kurz gesagt war es schwierig, sie zu bemerken. Michiko hatte sie jedenfalls erst bemerkt, als sie ihr direkt ins Gesicht sah.

»Bitte! Bringen Sie mich zu dem Tag zurück, als ich meinem Vater diese schrecklichen Dinge sagte und ihn fortschickte!«, wiederholte sie noch einmal für Kazu und beugte dabei tief den Kopf.

Ich will Papa retten.

Für Nagare und Kohtake lagen ihre Gefühle offen zutage. Aber im Gegensatz zu ihr wussten sie etwas – etwas, das Michiko möglicherweise schwer beizubringen war.

Michiko wusste nichts von der entscheidenden Regel über die Rückkehr in die Vergangenheit.

»Da gibt es etwas, das Sie wissen müssen«, sagte Kazu.

»Okay.«

»Sie können zurückreisen. Sie können in die Vergangenheit zurück, aber …«

»Aber was?«

»Ganz egal, wie sehr Sie sich dort in der Vergangenheit auch anstrengen, werden Sie Ihren Vater nicht retten können.«

»Was?«

»Selbst wenn Sie ihn hier in Tokio festhalten, können Sie nichts an der Tatsache ändern, dass Ihr Vater sterben wird.«

»Warum nicht?«

»Bestimmt möchten Sie einen guten Grund dafür hören, aber es liegt einfach an der Regel.«

Kazus beiläufiger Tonfall irritierte Michiko.

Selbst wenn ich meinen Vater nicht retten kann, warum müssen Sie mir das so teilnahmslos sagen? Können Sie sich nicht vorstellen, wie es für mich ist, hierherzukommen, nachdem ich erfahren habe, dass ich in der Zeit zurückreisen kann? Der Küchenchef und diese andere Frau sind mir auch fremd, aber sie haben wenigstens Mitleid gezeigt, als ich vom Tod meines Vaters erzählte.

»Wie kann das sein?«

Am ärgerlichsten dabei waren Kazus ruhige Augen, die keinen Zweifel aufkommen ließen.

»Aber bedeutet das nicht, dass es überhaupt keinen Sinn hat, zurückzureisen?«

Es laut auszusprechen änderte nichts an der Tatsache. Ihr war das aus Wut herausgerutscht, ohne dass sie es verhindern konnte.

»Gewissermaßen ja«, antwortete Kazu nur und senkte für einen kurzen Moment den Blick.

»… Unglaublich.«

Kazu beobachtete, wie Michiko auf einen Stuhl sank, wandte sich dann ab und ging in die Küche. Aus Michiko schien alles Leben gewichen.

»Es ist wirklich schwer zu begreifen.«

»Wir wissen, wie Sie sich fühlen müssen.«

Michiko bekam die Bemerkungen von Nagare und Kohtake gar nicht mit. Aus ihrem Herzen wich alle Kraft, wie aus einem löcherigen Ballon.

Es kam ihr vor, als wäre sie perfekt vorbereitet zu einem Marathon gestartet, nur um kurz vor der Ziellinie zu erfahren, dass das Rennen annulliert war, ja dass es nicht einmal eine Ziellinie gab. Diese Wendung schien sich einzig und gnadenlos gegen sie zu richten.

Michiko hatte einen Verlobten. Er hieß Yusuke Mori und hatte gleichzeitig mit ihr bei der Firma angefangen. Sie kannten sich nun seit drei Jahren. Yusuke hatte ihr erzählt, dass man in diesem Café in die Vergangenheit reisen konnte.

Zuerst hatte Michiko ihm nicht geglaubt. Sie war ihm sogar böse gewesen, dass er so etwas Dummes vorschlug, in der Zeit zurückzureisen. Anfangs hatte sie es als Scherz abgetan. Aber er hatte darauf bestanden, dass es stimme. Er habe es von einer Frau namens Fumiko Kiyokawa erfahren, die selbst in die Vergangenheit gereist sei.

Fumiko Kiyokawa war Systemingenieurin eines Kundenunternehmens, mit dem Yusuke direkt zu tun hatte. Sie war zwar noch in den Zwanzigern, hatte sich aber schon den Ruf erworben, erfolgreich große Projekte auf die Beine zu stellen, was sogar Michiko zu Ohren gekommen war.

»Ich glaube nicht, dass mich Frau Kiyokawa anlügen würde. Ich habe ihr natürlich nichts von deiner Geschichte erzählt, aber es gibt keinen Grund, weshalb sie sich so eine wilde Geschichte ausdenken sollte. Sie sprach allerdings von einigen ärgerlichen Regeln. Aber wenn man wirklich in die Vergangenheit reisen kann, warum sollte man es nicht versuchen?«

»Aber …«

»Warum gehst du nicht einfach zurück in die Vergangenheit und bringst alles in Ordnung? Du könntest ihn zum Beispiel diesmal nicht abweisen. Und dafür sorgen, dass er in Tokio bleibt. Wenn du das schaffen würdest …«

Könnte ich wirklich alles in Ordnung bringen? Könnte ich diesen Tag noch einmal durchleben?

Die Worte hatten Michiko Hoffnung gemacht.

Ihr Bedauern darüber, dass sie ihren Vater abgewiesen hatte, war ein Trauma, das bei ihr Herzrhythmusstörungen auslöste, schon wenn sie nur daran dachte. Es hatte sie viel Mut gekostet, das Café überhaupt zu betreten. Aber jetzt schien das Ganze sinnlos.

Kohtake nahm auf dem Stuhl Michiko gegenüber Platz und sagte: »Lassen Sie sich nicht entmutigen. Es lässt sich nichts daran ändern. So ist einfach die Regel.«

Aber Michiko blieb zusammengesunken am Tisch sitzen und rührte keinen Muskel.

»Ach, das ist einfach hoffnungslos.«

Kohtake zuckte mit den Schultern, blickte zu Nagare hinüber und schüttelte den Kopf.

Ding, dong.

»Hallo. Willkommen.«

Ein junger Mann in einem lässigen Anzug betrat den Raum.

»Sind Sie allein?«

Der Mann nickte höflich auf Nagares Frage und ging hinüber zu Michiko, die immer noch zusammengesunken am Tisch saß.

»Michiko.«

Michiko blickte überrascht auf.

»Oh! … Yusuke.«

Bei dem jungen Mann handelte es sich um Yusuke Mori, der Michiko ermuntert hatte, in die Vergangenheit zu reisen.

»Ich habe eine Ewigkeit draußen gewartet, aber du bist nicht gekommen …«

»Oh, tut mir leid.«

»Kein Problem.«

Als Nagare begriff, dass Yusuke ein Bekannter von Michiko war, wandte er sich zu Kohtake um und klopfte sich auf die Brust, als wollte er sagen, *Ich bin froh, dass jemand sie holen kommt.*

Im stummen Austausch der beiden schob Kohtake das Kinn vor, um anzudeuten, *Es ist noch ein bisschen zu früh, um das zu sagen.*

»Und, wie ist es gegangen? Hast du deinen Vater getroffen?«

Michiko sprang abrupt auf. Nagare, Kohtake und selbst Yusuke rissen überrascht die Augen auf.

»Es tut mir leid.«

»Hä?«

»Ich kann dich nicht heiraten.« Sie holte ihren Geldbeutel aus der Handtasche, legte einen Tausend-Yen-Schein auf den Tisch und rannte aus dem Kaffee.

»Michiko!«

Ding, dong.

Yusuke wollte Michiko hinterherlaufen, als Kohtake plötzlich rief: »Warten Sie, guter Mann.«

»Wie bitte?«

Yusuke war sichtlich verwirrt darüber, dass ihn eine fremde Frau so unversehens ansprach.

Nagare runzelte die Stirn.

»Frau Kohtake?«

Und zu Yusuke gewandt: »Entschuldigen Sie bitte.« Dabei zog er den Kopf ein und verbeugte sich leicht.

Yusuke hätte Michiko durchaus nachlaufen können, wenn er wirklich gewollt hätte. Aber er tat es nicht. Er hatte es nicht gekonnt.

»Sie ist nicht in die Vergangenheit gereist.«

»Was?«

»Weil sie ihren Vater trotzdem nicht hätte retten können.«

Als Kohtake ihm Michikos Situation erklärte, seufzte Yusuke leise und murmelte: »Ich verstehe.«

»Wenn sie ihren Vater nicht retten kann, was hat das damit zu tun, dass Sie beide nicht heiraten können?«, fragte Kohtake mit leiser, ruhiger Stimme.

Yusuke entdeckte Michikos Taschentuch, das sie auf dem Tisch zurückgelassen hatte.

»Sie sagte, sie würde es nicht ertragen, wenn nur sie glücklich sein könne«, antwortete er mit leiser Stimme, während er das Taschentuch in Händen hielt.

»Was meinen Sie damit?«

Yusuke holte tief Luft und fing an, in gedämpftem Ton zu erzählen.

»Die letzten sechs Jahre hat sie ständig bedauert, was sie hier getan hat – dass sie ihren Vater so weggeschickt hat … Der Tsunami traf Yuriage erst eine Stunde nach dem eigentlichen Beben. Eigentlich wurde ihr Vater mit anderen Bewohnern sofort evakuiert, aber dann kehrte er plötzlich zurück, um sein Sparbuch zu holen … Die Leute am Hafen wollten ihn offenbar aufhalten und sagten, er solle bis später warten, aber er antwortete: ›Das sind meine Ersparnisse für meine Tochter, wenn sie einmal heiratet‹, und …«

Es gab keine Worte, die darauf folgen konnten. Allen gingen Bilder tragischer Szenen durch den Kopf, die sie an diesem Tag im Fernsehen live mit angesehen hatten. Kohtake und Nagare starrten beide auf den Boden.

»Da ist wohl nichts zu machen?, denke ich.«

»Was geschehen ist, ist geschehen.«

Manche Herzensangelegenheiten können nur von den Betroffenen selbst gelöst werden. Yusuke hatte Michiko nicht hinterherlaufen können, weil er wusste, dass in ihrer emotionalen Notlage für ihn kein Platz war. Yusuke verbeugte sich still und verließ das Café.

Am selben Abend saß nach Ladenschluss ein Mann an einem Tisch und sah sich Broschüren an, ohne Anstalten zum Aufbrechen zu machen. Wenn man nichts unternahm, würde er wohl nicht gehen. Trotzdem wischte Kazu Tokita leise die Theke sauber.

Das einzige Geräusch war das Ticken der Pendeluhren.

Ding, dong.

Die Türglocke läutete, aber Kazu unterließ das übliche *Hallo. Willkommen.* Sie blickte nur zum Eingang, als wüsste sie, wer hereinkommen würde.

»Danke für den Anruf, Kazu.«

In der Tür stand Kohtake. Sie trug ihre Krankenschwester-Uniform und war offenbar außer Atem. Kazu bot ihr ein Glas Wasser an.

»Danke.«

Kohtake leerte es in einem Zug.

»Oh, das erinnert mich an etwas.«

Kohtake reichte das Glas zurück und ging wieder zum Eingang des Cafés.

Von dort waren Stimmen zu hören.

»Kommen Sie nicht herein?«

»Doch, aber …«

»Kommen Sie, kein Problem. Kommen Sie nur«, sagte Kohtake. Dann erschien Michiko am Eingang, von Kohtake hereingeschoben. Sie blickte beschämt zu Boden.

»Ich fand sie auf halbem Weg die Treppe herunter …«, erklärte Kohtake mit flehendem Blick zu Kazu, während sie Michiko hereinführte.

Kazu sah Michiko an. Statt des üblichen *Hallo. Willkommen* begrüßte sie sie mit: »Guten Abend«. Die Öffnungszeit war vorbei.

»Äh, guten Abend«, erwiderte Michiko.

Kohtake hatte sich inzwischen an Michiko vorbeigeschoben und stand nun neben dem Mann, der die Broschüre betrachtete.

»Herr Fusagi«, sprach sie ihn an. Der Mann mit Namen Fusagi blickte für einen Moment zu Kohtake auf, wandte sich dann aber wieder seiner Broschüre zu, ohne etwas zu sagen.

»Herr Fusagi, konnten Sie heute darauf Platz nehmen?«

Die Frage schien die Aufmerksamkeit des Mannes zu wecken. Er blickte zur Frau im weißen Kleid am Ende des Raums hinüber und antwortete: »Nein, das konnte ich nicht.«

»Also kein Glück heute?«

»Nein.«

»Wie es aussieht, ist die Öffnungszeit bereits vorbei, also warum gehen Sie nicht nach Hause?«

»Oh …«

Fusagi blickte hinüber zur mittleren Pendeluhr des Cafés. Ihre Zeiger standen auf halb neun Uhr abends.

»Oh, entschuldigen Sie.«

Er packte eiligst seine Broschüre weg und ging hinüber zur Kasse, wo Kazu schon wartete, Kohtake folgte ihm mit liebevollem Blick.

»Wie viel?«

»Dreihundertachtzig Yen.«

»Bitte sehr.«

»Genau passend, vielen Dank.«

»Danke.«

Fusagi verließ sie in großer Eile.

Ding, dong.

Kohtake nickte Kazu höflich zu, lächelte und sagte: »Danke für den Anruf«, worauf sie Fusagi nach draußen folgte.

Ding, dong.

Nun befanden sich nur noch Kazu, Michiko und die Frau im weißen Kleid im stillen Café. Michiko stand verloren da und wusste weder, wie sie anfangen, noch, was sie sagen sollte.

Kazu fragte sie unvermittelt: »Wollen Sie es trotzdem tun?« Michiko hatte gar nichts gesagt, aber Kazu wusste, warum sie gekommen war. *Selbst wenn Sie in der Zeit zurückreisen, können Sie Ihren Vater nicht retten. Wollen Sie es nun tun, obwohl Sie das wissen? Das war es, was Kazu sagte.*

Michiko schluckte. Sie wusste nicht, warum sie hier war. Eigentlich war ihr klar, dass sie ihren Vater durch die Reise in die Vergangenheit nicht retten konnte. Aber sie war sich trotz allem nicht ganz sicher. Vielleicht hoffte sie immer noch, ihn irgendwie retten zu können.

Vielleicht, nur vielleicht …

Das war es.

Hätte Kazu gefragt, *Warum, glauben Sie, wollen Sie in die Vergangenheit reisen?,* als Michiko noch keinen Grund dafür nennen konnte, dann hätte sie das Vorhaben wahrscheinlich aufgegeben. Aber jetzt wurde sie mit *Wollen Sie es trotzdem tun?* unter Druck gesetzt.

Mit hängendem Kopf murmelte sie: »Als meine Mutter starb …« – es war, als redete sie mit sich selbst –, »… zog mich mein Vater alleine auf. Er arbeitete Tag und Nacht, damit ich einmal auf die Universität in Tokio gehen könnte, aber trotz seiner Aufopferung bemühte ich mich wenig um mein Studium und vertrieb mir nur die Zeit … Ich wollte nur aus meiner Heimatstadt wegkommen und frei sein. Meinen Vater sah ich dabei nur als Ärgernis. Ich besuchte ihn nie und nahm seine Anrufe nicht an, bis er mich an jenem Tag besuchen kam.«

Ohne etwas zu sagen, nicht einmal ein einzelnes passendes Wort, hörte Kazu zu.

»Ich sagte einige schreckliche Sachen zu ihm und schickte ihn fort. Ich hatte keine Ahnung, dass so etwas geschehen würde. Jetzt möchte ich mich wenigstens entschuldigen. Ich möchte meinem Vater sagen, dass es mir leidtut.«

Jetzt wo sie es in Worte fasste, überraschte es Michiko, wie klar das alles war – weshalb sie beschlossen hatte, zum Café zurückzukehren.

»Bitte, lassen Sie mich zurückkehren. Ich möchte zu dem Tag zurück, als ich meinen Vater wegschickte.«

Michiko verbeugte sich tief vor Kazu.

Klapp.

Das unerwartete Geräusch kam aus der Ecke des Raums. Michiko drehte sich um und begriff, dass ein Buch zugeschlagen worden war – das Buch, das die Frau im weißen Kleid gelesen hatte.

Michiko sah zum ersten Mal das Gesicht der Frau. Es war weiß und ihr Blick so glasig, dass man nicht wusste, wo sie hinsah. Ihre Augen erinnerten vage an die der Bedienung, die vor Michiko stand. Das Merkwürdigste aber war, dass die Frau um diese Jahreszeit nur kurze Ärmel trug, während man draußen – wenn nicht sogar drinnen – einen Mantel brauchte.

Die Frau beachtete Michiko überhaupt nicht, erhob sich langsam und ging langsam hinaus in Richtung Toilette.

Während Michiko wie gebannt der Frau nachblickte, hörte sie hinter sich sagen: »Sehr gern.«

Das war Kazus Antwort auf Michikos Bitte, sie an jenen Tag zurückzubringen. Kazu führte Michiko zu dem Stuhl, auf dem die Frau im weißen Kleid gesessen hatte, und fing an, ihr einige Regeln für die Reise in die Vergangenheit zu erklären.

Zusätzlich zu der Regel, die Michiko früher am Tag erfahren hatte, derzufolge *man die Gegenwart nicht verändern kann, während man in der Vergangenheit ist, sosehr man sich auch bemüht,* erfuhr sie, dass man nur Menschen treffen konnte, die das Café schon einmal besucht hatten; dass es nur einen Stuhl gab, auf dem man in die Vergangenheit gelangte; dass man nicht aufstehen oder den Stuhl verlassen durfte und dass es ein Zeitlimit gab.

Warum so viele Regeln?

Von Michikos Bestürzung völlig unberührt, kehrte Kazu mit einem silbernen Kessel und einer weißen Tasse auf einem Tablett aus der Küche zurück und fuhr gleichmütig in ihren Erläuterungen fort.

»Ich werde Ihnen eine Tasse Kaffee eingießen«, erklärte sie, während sie die Tasse vor Michiko abstellte.

»Kaffee?« Michiko reckte den Kopf neugierig nach vorn. Sie konnte zwischen einer Reise in die Vergangenheit und Kaffee keine Verbindung erkennen.

»Die Zeit, die Sie in der Vergangenheit verbringen können, ist begrenzt, von dem Zeitpunkt, wenn ich den Kaffee einschenke, bis zu dem Zeitpunkt, wenn er kalt ist.«

»Was? So kurz? War das das Zeitlimit, von dem Sie eben sprachen?«

»Das ist richtig.«

Michiko war sehr unzufrieden mit dieser Regel. Sie war zu ungenau und die Spanne zu kurz. Aber sie wusste, dass sie gegen diese Regel nichts vorbringen oder unternehmen konnte. Sie musste an die Entschlossenheit denken, mit der Kazu zuvor erklärt hatte, sie könne ihren Vater nicht retten.

»Also gut. Was muss ich sonst noch wissen?«

Kazu fuhr fort.

»Wenn jemand eine verstorbene Person besucht, ist es im Überschwang der Gefühle oft nicht möglich, Lebewohl zu sagen, insbesondere unter Zeitdruck. Deshalb haben wir dies hier …«

Kazu nahm etwas vom Tablett, das wie ein kleiner Rührstab aussah, und hielt es Michiko hin.

»Was ist das?«

»Wenn man es in die Tasse stellt, ertönt ein Alarm, bevor der Kaffee kalt ist. Sie müssen den Kaffee austrinken, sobald es klingelt.«

Kazu stellte den Gegenstand in die Tasse und hob dann den silbernen Kessel an.

»Dann muss ich also nur den Kaffee austrinken, wenn es klingelt?«

»Ja.«

Michiko atmete leise durch.

Jetzt werde ich meinen toten Vater treffen.

Schon beim bloßen Gedanken daran zog sich ihre Brust zusammen, und ihr Atem geriet ins Stocken. Würde sie die Fassung bewahren können?

Man hatte ihr gesagt, dass sie nichts tun könne, das die Gegenwart veränderte, aber wenn sie nun aus Verzweiflung etwas über die Katastrophe erzählte – und den Tod ihres Vaters?

Wie würde er sich fühlen während der Tage vor seinem Tod? Sie war überwältigt von den kreisenden Gedanken.

»Soll ich anfangen?«, fragte Kazu, wie um ihre Bedenken zu verscheuchen.

Ach, was soll's? Ich habe mich ja schon vorher entschieden, dass ich mich bei meinem Vater entschuldigen möchte, als sie mich fragte, ob ich das trotzdem tun möchte.

Michiko schloss die Augen und holte tief Luft.

»Bitte fahren Sie fort«, antwortete sie.

Jetzt gab es kein Zurück mehr. Im Gegensatz zu Michikos entschlossenem Blick blieb Kazus Gesicht völlig ruhig und gesammelt, während sie den Kessel anhob.

Ich reise in die Vergangenheit. Ich tue es tatsächlich.

Michiko spürte, wie sich die Luft mit Spannung auflud.

»Bevor der Kaffee kalt ist.«

Kazus Stimme schallte durch den stillen Raum, während sie den Kaffee eingoss.

Eine Dampfwolke stieg aus der Tasse, während sie sich mit Kaffee füllte. Die Raumdecke schlug Wellen und verformte sich.

Wird mir jetzt schwindelig?

Michiko beobachtete die Spur, die der Dampf nach

oben zog. Aber in Wirklichkeit schwebte ihr eigener Körper wie Dampf in der Luft. Ihre Umgebung zog von der Decke abwärts zum Boden an ihr vorbei und wich zurück.

Was … was geschieht da?

In ihrem Kopf schien alles zu kreisen, und ihr Bewusstsein schwand.

Papa …

Am Freitag dem 11. März 2011 um 14.46 Uhr ereignete sich vor der Küste von Sanriku der Insel Honshu ein Erdbeben. Das Epizentrum dieses mit einer Magnitude von 9,1 stärksten jemals in Japan verzeichneten Bebens lag 24 Kilometer tief in der Erdkruste, 130 Kilometer ostsüdöstlich der Halbinsel Oshika. Aufgrund der Auswirkungen wird es als die Große Erdbebenkatastrophe Ost-Japans bezeichnet.

In der Stadt Natori wurden im Zusammenhang mit dem Beben 960 Menschen getötet, und 11 000 mussten evakuiert werden.

Verglichen mit anderen Erdbeben waren die unmittelbaren Schäden durch die Erschütterung relativ gering; die meisten Zerstörungen richtete der folgende Tsunami an.

Dieser erreichte den Ortsteil Yuriage der Stadt Natori um 15.52 Uhr, etwa eine Stunde nach dem Beben. Diese Verzögerung führte zu Fällen wie dem von Kengo, der das Gebiet sofort nach dem Erdstoß verlassen hatte, dann aber nach Hause zurückgekehrt war und dem Tsunami zum Opfer fiel.

Kengo und Michiko hatten in einem Wohngebiet in der Nähe der Feuerwache von Yuriage gewohnt. Ganz in der Nähe, gegenüber vom Minato-Schrein, lag auch das Geschäft, in dem die von Michiko besonders geschätzten »Yuriage-Takoyaki« verkauft wurden.

Die Takoyaki von dort waren besonders großzügig mit Oktopusfleisch gefüllt und wurden im Gegensatz zu anderen auf Bambusspießen mit einer süßen, würzigen Soße serviert. Sie sahen aus wie große Klöße am Spieß und waren fester als gewöhnliche Takoyaki.

Schon als kleines Kind hatte Michiko diese Yuriage-Takoyaki für ihr Leben gern gegessen, und als sie nach Tokio zog und ihr Freunde einmal Takoyaki nach Osaka-Art als besonders köstlich empfahlen, wollte sie jene nicht einmal als Takoyaki durchgehen lassen.

Yuriage-Takoyaki.

Dieses Gericht beschwor schöne Erinnerungen an ihre Heimatstadt herauf, obwohl sie das Leben dort wegen der Einmischung ihres Vaters hinter sich gelassen hatte.

Michiko erwachte vom knirschenden Geräusch beim Mahlen von Kaffeebohnen.

Sie wurden gemahlen von einem Mädchen mit kühlem, lässigem Blick. Ihre Blässe und ihr feierlicher Ausdruck wirkten irgendwie vertraut.

War sie die Frau im weißen Kleid, die diesen Platz freigegeben hatte, als sie zur Toilette ging? … Nein. Sie ähnelte der Bedienung, die ihr eben den Kaffee eingeschenkt hatte.

Aber es war mehr als eine Ähnlichkeit. Es handelte sich zweifellos um dieselbe Person.

Michiko hatte sie nicht gleich erkannt, denn statt des langen Pferdeschwanzes trug sie das Haar kurz.

Wie es scheint, ist das hier tatsächlich sechs Jahre her.

Sie blickte sich im Café nach anderen Anzeichen dafür um, dass sie in der Vergangenheit gelandet war. Aber außer dem Mädchen an der Theke konnte sie keinen Unterschied finden. Die Zeit schien hier stillgestanden zu sein.

Ding, dong.

»Hallo. Willkommen.«

Kazus ruhige Stimme wollte nicht so recht zu ihrer jugendlichen Erscheinung passen. Kengo, Michikos Vater, betrat das Café mit schweren Schritten.

Michikos Herz machte einen Sprung.

Sechs Jahre lang hatte sie nicht vergessen, wie Kengo an jenem Tag ausgesehen hatte.

Als er Michiko entdeckte, kam er an ihren Tisch herüber und kratzte sich am Kopf. Er nickte verlegen.

»Entschuldige.«

»Warum?«

»Musstest du nicht warten?«

»Oh, nein, ist schon okay.«

»Wirklich?«

»Ja, klar.«

Michikos Erinnerungen kamen zurück.

Damals hatte sie ihm schroff vorgeworfen: »Ich kann einfach nicht glauben, dass du mich angerufen hast und dann auch noch zu spät kommst.«

Sie erinnerte sich auch noch genau an Kengos Gesichtsausdruck in diesem Moment.

Er hatte beschämt das Gesicht verzogen und geantwortet: »Es tut mir leid.«

Warum musste ich ihn nur so schrecklich behandeln?

»Kann ich mich hier hinsetzen?«

Kengo legte die Hand an den Stuhl am Platz gegenüber.

»Natürlich.«

Kengo machte große Augen, als er Michiko ins Gesicht sah.

»Was denn?«

»Ich dachte gerade, wie erwachsen du wirkst, seit ich dich das letzte Mal gesehen habe …«

Kengo grinste verlegen. Sechs Jahre waren inzwischen vergangen. Kengo war verständlicherweise überrascht, einer fünfundzwanzigjährigen Michiko gegenüberzusitzen.

»Ach, findest du?«

Während sie antwortete, bemerkte sie die tiefen Falten in seinem Gesicht und das ergraute Haar. Wann war er so alt geworden?

Sie war bestürzt, dass sie ihrem Vater damals nicht einmal richtig ins Gesicht gesehen hatte. Aber Kengo hatte natürlich keine Ahnung von Michikos Verwirrung.

»Hallo, möchten Sie etwas bestellen?«, fragte die jugendliche Kazu, während sie ihm ein Glas Wasser hinstellte.

»Kaffee, bitte.«

»Gerne.«

Nachdem sie Kengos Bestellung aufgenommen hatte, ging Kazu in die Küche.

Stille.

Michiko fand nicht die passenden Worte. Was sollte sie sagen? Als sie Kengo in die Augen sah, spürte sie, dass sie den Tränen nahe war. Trotz ihrer guten Vorsätze musste sie den Blick abwenden, was die ganze Situation nur noch peinlicher machte.

Sie wollte nicht, dass er dachte, sie würde ihn ignorieren.

Es tut mir leid.

Sie spürte, dass ihr die Worte, die sie so oft hinuntergeschluckt hatte, gleich über die Lippen kommen würden.

Es war genau dieser Augenblick.

»Ich weiß, ich hätte es nicht tun sollen. Das tut mir leid.«

Kengo sprach als Erster.

»Was hättest du nicht tun sollen?«

Michiko hatte keine Ahnung, wofür er sich entschuldigte.

Sie wollte sich doch entschuldigen.

»Bei der Universität anrufen.«

Michiko wusste noch, wie wütend sie deswegen gewesen war. Sie hatte nicht gedacht, dass sich ihr Vater wegen solcher Dinge Sorgen machte.

»Oh. Nein, ist schon okay. Es war schlecht von mir, dass ich mich überhaupt nicht bei dir gemeldet habe.«

Kengo schien sich ein bisschen zu entspannen. Nach dem Tod ihrer Mutter hatte sich Michiko praktisch in allem gegen ihn aufgelehnt, und es war oft zu Auseinandersetzungen gekommen. Wahrscheinlich hatte er erwartet, sie würde Streit anfangen.

»Ach, hier …«

Als wäre ihm plötzlich etwas eingefallen, stellte er die Papiertüte, die er in der Hand hielt, auf den Tisch und zog ein kleines Päckchen heraus.

»Die habe ich gekauft, weil ich weiß, wie sehr du sie magst … aber ich fürchte, sie sind jetzt kalt.«

Michiko wusste, was in dem Päckchen war. Takoyaki, ihr Lieblingsessen. Yuriage-Takoyaki aus ihrer Heimatstadt, genau genommen. Genau die Sorte, die ihre Mutter ihr als Kind immer gekauft hatte – ziemlich bissfest und fast wie Klöße. Wenn es diese gab, hatte sie immer ein Lächeln auf den Lippen.

Am Tag, als sie ihren Vater abwies, hatte sie sich unerklärlicherweise geärgert, dass auch Takoyaki unter den am Boden verstreuten Mitbringseln waren. Ihr war das vorgekommen, als versuche er sich mithilfe der Erinnerung an ihre geliebte Mutter bei ihr einzuschmeicheln. Für sie war das nichts als ein feiger Taschenspielertrick gewesen. Und sie hatte es abstoßend gefunden.

Aber das war es gar nicht. Jetzt verstehe ich das.

Papa hat sich die Mühe gemacht und diese Takoyaki gekauft, um mir eine Freude zu machen. Aber trotz allem …

»Danke«, sagte sie mit bebender Stimme. Sie konnte Kengo aber nicht richtig ins Gesicht sehen. Um das Schweigen zu überbrücken, hob sie die Tasse an den Mund.

Er ist lauwarm.

Sie hatte nicht die geringste Ahnung, wie viel Zeit ihr noch blieb, bevor der Kaffee kalt war.

Warum in aller Welt bin ich überhaupt hierhergekommen?

Sie wollte sich bei ihrem Vater entschuldigen. An diesem Gefühl hatte sich nichts geändert. Aber wofür genau wollte sie sich entschuldigen?

Es tut mir leid, dass ich aus purem Egoismus nach Tokio an die Universität wollte.

Es tut mir leid, dass ich mich seit Mamas Tod immer nur beklagt habe.

Es tut mir leid, dass ich dir gegenüber so abweisend war, selbst wenn du extra aufgeblieben bist, bis ich nach Hause kam.

Es tut mir leid, dass ich nicht auf deine Anrufe geantwortet habe.

Es tut mir leid, dass ich dir widersprochen habe.

Es tut mir leid, dass ich die ganze Zeit mit dir gestritten habe.

Es tut mir leid, dass du mich als Tochter ertragen musstest.

Je länger sie darüber nachdachte, desto weniger war sie in der Lage, aufzublicken.

Warum musste ich unbedingt an die Universität in Tokio?

Warum musste ich mich ständig beklagen?

Warum musste ich so schreckliche Dinge sagen und ihn an jenem Tag so abweisen?

Bedauern war das einzige Wort, das ihr dazu einfiel. Und sie konnte nichts anderes wahrnehmen als Kengo, der sie auf diese Weise anstarrte.

Er hat diese weite Reise gemacht, um mich zu sehen, aber wie immer sage ich kein Wort. Er muss mich wirklich für eine schreckliche Tochter halten.

Vielleicht sollte ich besser gehen.

Ich bräuchte dazu nur den Kaffee auszutrinken.

Immerhin kann ich nichts tun, um meinem Vater zu helfen.

Michikos Hand schloss sich fester um die Tasse.

In dem Moment …

»Michiko.«

Kengo blickte Michiko ins Gesicht, als er sie ansprach.

»Wenn dich vielleicht … etwas belastet … dann weißt du, dass du mit mir darüber reden kannst, nicht wahr?«

Er sprach ganz abgehackt.

»Du kannst mit mir über alles reden, du musst nicht allein mit deinen Sorgen fertigwerden … Was immer es ist … Ich möchte dir mit meinem Rat zur Seite stehen.«

»Was?«

»Wahrscheinlich kann ich das nicht so gut, wie deine Mutter es gekonnt hätte … aber …«

Kengo blickte auf.

»Trotzdem möchte ich, dass du es mir erzählst.«

Sie erinnerte sich daran. Dieser Blick. So hatte er sie ständig angesehen, vor dem Tod ihrer Mutter und danach. Er hatte sich nicht geändert.

Bis zu diesem Tag hatte sie dabei immer gedacht, er sei wütend.

Mach deine Hausaufgaben.

Geh ins Bett.

Bleib nicht zu lange auf.

Wähle dir deine Freunde.

Trag nicht solche Kleider.

Das nicht.

Das werde ich nicht erlauben.

Immer hatte er Michiko auf dieselbe Weise angesehen, mit demselben Gefühl. Sie hatte ihn als herrisch empfunden, weil ihr Blick getrübt gewesen war. Ihre Abneigung gegen ihren Vater war nur aus ihrem getrübten Verstand heraus entstanden.

»Oh, ähm …«

Ich kann gar nicht glauben, dass mir das nicht klar war …

»Also, eigentlich …«

Ich sollte über Yusuke sprechen. Das wird ihn wahrscheinlich völlig umhauen. Aber wenn ich es ihm erzählen will, dann jetzt oder nie.

»Papa, ich, äh …«

»Hmm?«

»Ich bin schwanger.«

Michiko starrte auf den Kaffee, der in ihrer Tasse

schwappte. Sie wusste nicht, was für ein Gesicht Kengo machte. Aber sein Atem ging heftiger und lauter.

Er ist wahrscheinlich wütend.

Aus seiner Sicht gesehen war das nur natürlich. Sie war jetzt fünfundzwanzig.

Aber für ihn war es kaum ein Jahr her, seit sie ihre Heimatstadt verlassen hatte und nach Tokio gezogen war. Für ihn war es die Beichte einer Tochter, die noch nicht einmal zwanzig war.

»Er hat mich gebeten, ihn zu heiraten …«

Aber ich erzähle es ihm trotzdem. Über mein jetziges Ich. Ich werde ihn niemals wiedersehen …

Als Michiko aufblickte, wirkte Kengo ziemlich traurig. Seine Tochter hatte die Flügel ausgebreitet und das Nest verlassen. Vielleicht hatte er schon vorhergesehen, dass dieser Tag nicht mehr weit entfernt war, als sie sich nach Tokio aufmachte.

»Ich verstehe«, antwortete er kraftlos.

Er versuchte zu lächeln, aber die Falten zwischen seinen Augenbrauen kerbten sich dabei noch tiefer, sodass er fast verärgert wirkte. Dabei wollte ihm Michiko eigentlich etwas anderes sagen.

»Aber ich habe Angst.«

Sie konnte nicht verhindern, dass ihre Hände zitterten.

»Ich weiß, ich verdiene es nicht, glücklich zu sein. Ich habe dir viel Schlimmes gesagt und angetan, Papa … Obwohl du immer für mich gesorgt hast, habe ich das nicht bemerkt und dich stattdessen ignoriert und dir viele egoistische Dinge gesagt …« *Ich habe dich abgewiesen. Wenn ich dich damals nicht weggeschickt hätte, wärst du vielleicht gar nicht gestorben. Ich habe nur an mich gedacht.* »Aber trotzdem …«

»Deshalb solltest du dir keine Sorgen machen.«

Kengo unterbrach sie.

»Ich bin dein Vater, mir ist es egal, ob du mich verfluchst, solange es dir gut geht. Nur darauf kommt es an.«

»Papa.«

Michiko liefen große Tränen aus den Augen. Kengo sah sie an und lächelte wehmütig. Er wusste nicht, wie er mit den Tränen seiner Tochter umgehen sollte.

»Oh, hier, nimm das …«, sagte er unversehens, als wollte er ihrem Blick entgehen. Er griff in seine Hüfttasche, nahm etwas heraus und streckte es ihr hin.

»Ich habe etwas gespart, das ich dir geben wollte, wenn du einmal heiratest.«

Es waren ein Sparbuch und ein Siegelring.

»Ich denke, jetzt ist der richtige Zeitpunkt«, sagte er und strahlte.

»Oh, Papa …«

Piep, piep, piep, piep, piep …

Der Alarm ertönte.

»Oh …« Michiko stockte der Atem. Sie erhaschte den Blick von Kazu mit dem jugendlichen Gesicht. Kazu sagte nichts. Aber sie nickte langsam, wie zur Bestätigung, dass es Zeit sei.

»Papa, ich …«

»Mach dir keine Sorgen, werde einfach nur glücklich. Das ist das Einzige, das mich glücklich macht.«

Er blickte Michiko voller Güte an.

So etwa muss sein Gesicht ausgesehen haben, als ich zur Welt kam.

Piep, piep, piep, piep, piep …

»Ich muss mal eben zur Toilette …«

Kengo sah in dem Alarm die Gelegenheit, aufzustehen. Er verzog vor Unbehagen das Gesicht.

»Papa!«

Kengo war schon auf dem Weg zur Toilette, als Michiko ihm spontan nachrief.

Das ist unser letztes Lebewohl. Und es gibt noch so viel zu sagen.

»… Hmm?«

Kengo wandte sich um.

»Ich …«

Michiko wischte sich die Tränen ab und versuchte zu lächeln.

»Ich bin froh, dass ich deine Tochter bin.«

Vielleicht sah es aus, als würde sie eine Grimasse schneiden, oder das Lächeln gelang ihr nicht besonders gut. Trotzdem wollte sie ihren Vater mit einem Lächeln verabschieden.

Bestimmt hat es Papa eine Menge Mühe gekostet, mir meine geliebten Takoyaki zu bringen, um mich glücklich zu machen und lächeln zu sehen. Also soll das Lächeln in meinem Gesicht seine letzte Erinnerung an mich sein.

Das war ihr sehnlichster Wunsch.

»Danke.«

Kengo sah Michiko ins Gesicht und war offenbar verwirrt darüber, was sie da so unvermittelt sagte. »Oh«, antwortete er, schniefte kurz und verließ den Raum in Richtung Toilette.

Kaum war er gegangen, da trank Michiko den Kaffee in einem Zug aus. Sofort fühlte sie sich leicht und aufgebauscht. Ihre Umgebung bewegte sich von der Decke zum Boden abwärts.

Ich kehre zurück – zurück in die Gegenwart, ohne meinen Vater.

Wenn sie die Augen schloss, konnte sie immer noch

Kengo mit strahlendem Gesicht sehen. Es war ihr gelungen, ihren Vater zum Lächeln zu bringen.

Dem Himmel sei Dank.

Michiko schloss langsam die Augen.

Michikos nächste Wahrnehmung war die Frau im weißen Kleid, die offenbar von der Toilette zurückgekehrt war und nun vor ihr stand. Von der Theke starrte die Bedienung, die einen langen Pferdeschwanz hatte, zu ihr herüber.

Das war die erwachsene Kazu. Michiko war zurück in der Gegenwart.

»Weg da«, sagte die Frau im weißen Kleid, und Michiko machte sofort den Stuhl frei.

Zeit für Träumereien gab es nicht.

Als sich die Frau im weißen Kleid gesetzt hatte, kam Kazu mit einem Tablett und brachte ihr frischen Kaffee.

»Wie war es?«, fragte Kazu, während sie die Tasse abräumte, die Michiko benutzt hatte, und der Frau im weißen Kleid einschenkte.

»Ich …«

Ding, dong.

Michiko wollte gerade etwas sagen, als die Türglocke schellte und Yusuke hereinkam.

»Michiko.«

Er stand einige Meter von ihr entfernt, und seine Stimme

klang schwach. Ihr fiel ein, dass sie ihm vor einigen Stunden erklärt hatte, sie könne ihn nicht heiraten.

Yusuke blieb deshalb erst einmal auf Abstand.

Mach dir keine Sorgen, werde einfach nur glücklich.

Die Worte ihres Vaters klangen ihr immer noch im Ohr.

Sie ging zu Yusuke hinüber, wandte sich aber zu Kazu um und sagte: »Ich glaube, ich möchte mit diesem Kerl hier glücklich werden.«

Das war die Antwort auf Kazus Frage »Wie war es?«, als sie aus der Vergangenheit zurückgekehrt war.

»Was?«

Yusuke konnte seine Überraschung über Michikos plötzlichen Sinneswandel nicht verbergen.

»Oh, ich verstehe«, antwortete Kazu mit einem feinen Lächeln.

»Ja. Ich glaube, das würde auch meinen Vater glücklich machen …«

In der Hand hielt sie das Sparbuch, das sie von Kengo bekommen hatte.

Im Hinterzimmer hörte man ein Telefon klingeln.

Michiko und Yusuke nickten beide Kazu höflich zu und verließen Seite an Seite das Café.

Ding, dong.

Als die beiden gegangen waren, erschien Nagare mit Miki auf dem Arm aus dem Hinterzimmer. Vielleicht hatte sie gequengelt, denn ihre Augen waren feucht.

»He, erinnerst du dich an Professor Kadokura?«, fragte er Kazu.

Das Café war geschlossen. Kazu machte schon alles

fertig. Sie musste nur noch das Geschirr spülen, rasch den Boden wischen und das Schild hereinholen.

»Ja«, antwortete sie auf dem Weg in die Küche.

Mit Miki auf dem Arm ging Nagare nach draußen und holte das Schild herein. Drinnen, wo nur noch die Frau im weißen Kleid auf ihrem Stuhl saß, war nichts außer dem leisen Ticken der Pendeluhren zu hören.

Kazu macht den Abwasch fertig, und Nagare kam mit dem Schild zurück.

»Was wolltest du sagen?«

»Hm?«

»Über Professor Kadokura.«

»Ach so, ja.«

Nagare kratzte sich etwas übertrieben am Kopf – vergessen hatte er seine Bemerkung nicht.

»Er hat angerufen und erzählt, seine Frau sei wie durch ein Wunder aufgewacht …«, sagte er zu Kazu.

»Nein! Wirklich?«

»Ja.«

»Na, das sind aber gute Nachrichten.«

»… Kann man wohl sagen.«

Einen Augenblick später begann Miki wild mit den geballten Fäusten herumzufuchteln. »OOWAAAGGHH!« Sie fing laut zu weinen an.

»Oh, ist wohl Zeit für die Milch, was?«

»Ich gehe welche holen.«

»Danke, Kazu.«

Kazu ging in die Küche, und Nagare tröstete Miki, schlenderte hinüber zur Kasse und nahm das Foto in die Hand, das danebenstand.

Das Bild zeigte seine lächelnde Frau, Kei Tokita. Sie war kurz nach Mikis Geburt gestorben. Der Lauf der Jahreszeiten war weitergegangen. Menschen waren ins Café gekommen und in die Vergangenheit gereist. Andere hatten das nicht getan, und wieder andere waren gegangen, als sie die Regeln erfahren hatten.

»So schnell. Das ist jetzt ein Jahr her.«

Nagare betrachtete das Foto.

»Hier, bitte sehr.«

»Oh, danke.«

Nagare stellte das Foto wieder zurück und nahm Kazu die Milchflasche ab.

»Sie wird erwachsen sein, bevor wirs uns versehen. Sie wird aufwachsen, und …«

»Ja.«

Geborgen in Nagares Armen fing Miki an zu trinken. Mit dem Blick auf diese wunderschöne Szene wirkte Kei auf dem Foto glücklich. So kam es Kazu jedenfalls vor.

ANMERKUNG DES VERFASSERS

Diese Geschichte ist frei erfunden. Ähnlichkeiten mit existierenden Menschen, Geschäften, Organisationen usw. sind rein zufällig. Das vierte Kapitel »Die Tochter« allerdings ist dem vom Autor im Auftrag des Radiosenders *Date fm* (FM SENDAI) in Sendai, Präfektur Miyagi, verfassten Hörspiel *One More Cup of Coffee?* nachempfunden. Es wurde ausgestrahlt am 11. März 2018, dem siebten Jahrestag der Großen Erdbebenkatastrophe Ost-Japans.

Toshikazu Kawaguchi wurde 1971 in Ibaraki in der Präfektur Osaka geboren. Der Roman-, Drehbuch- und Theaterautor erhielt für sein Theaterstück *Before the Coffee gets cold* den großen Preis des Suginami Drama Festivals. Die Romanfassung gleichen Titels wurde für den Japan Booksellers' Award 2017 nominiert, und 2018 entstand eine Filmfassung. Kawaguchi ist in Theatern und auf YouTube als das Gesicht von Kawaguchi Productions präsent. Sein Traum ist die Aufführung von *Before the Coffee gets cold* in allen 47 Präfekturen Japans. Zu seinen Hobbys zählen Gewichtheben, Reisen und heiße Quellen; sein Motto ist: »Lebe, wie du bist.«